OBRANDO
COMO SI EL DIOS EN
TODO LO CREADO FUERA
IMPORTANTE

OBRANDO
COMO SI EL DIOS EN TODO LO CREADO FUERA
IMPORTANTE

Machaelle Small Wright

PERELANDRA

CENTRO DE INVESTIGACION
CON LA NATURALEZA
JEFFERSONTON, VIRGINIA
1996

Publicado originalmente como: *Behaving As If the God In All Life Mattered*. Copyright ©1983, 1987 por Machaelle Small Wright
Copyright © 1996 por Machaelle Small Wright

Derechos reservados. Ninguna parte de este libro puede reproducirse sin el permiso, por escrito, de la casa editorial, excepto para fines de ensayos o críticas en los cuales se pueden citar pasajes breves o reproducir ilustraciones; ninguna parte de este libro puede reproducirse, archivarse en un sistema de reserva o transmitirse de forma alguna mediante métodos electrónicos, mecánicos, fotocopias, grabaciones, o cualquier otro, sin la autorización escrita de la casa editorial.

Este libro ha sido publicado en los Estados Unidos de América. Fue diseñado por James F. Brisson y publicado por Perelandra, Ltd., P.O. Box 3603, Warrenton, Virginia 20188
Traducido por María del Carmen Siccardi.
Edición del texto en español por Patricia Pareja.
Fotografías por Clarence Wright.
Gracias a Dorothy Mclean por permitirme usar citas de su libro "To Hear the Angels Sing", © 1980, Dorothy Maclean. Editorial Lorian Press.

Impreso en papel reciclado.

Número de tarjeta en la Biblioteca del Congreso: 95-092821
Wright, Machaelle Small
Obrando como si el Dios en todo lo creado fuera importante

ISBN 0-927978-22-9

2 4 6 8 9 7 5 3 1

Para David

CONTENIDO

INTRODUCCIÓN ix

1. *Entrando al monasterio de las calles 1*
2. *¿Qué es toda esta locura sobre hadas? 101*
3. *Las lecciones continúan 149*
   Realidad como energía 152
   La relación de energía con la forma 154
   La interacción, fusión y balance de energías 158
   El reino mineral 164
   El reino animal 167
   Y, finalmente 177
4. *¡Mira mamá puedo hacerlo solo! 185*
   Objetos "inanimados" y energía:
     Ejercicio de energía I 189
   Custodia responsable de todo lo que nos rodea 191
   Liberación apropiada 194
   Pensamientos y comunicación 197
   Los efectos ecológicos de los pensamientos 198
   El proceso de limpieza de energía:
     Ejercicio de desplazamiento de energía 202
     Ejercicio de relajamiento 206
     Proceso de limpieza de energía 210

AYUDA ADICIONAL 216

PERELANDRA HOY 217

INTRODUCCIÓN

"O<small>BRANDO</small> <small>COMO</small> si el Dios en todo lo creado fuera importante" es un libro sobre el mundo inteligente de la naturaleza que tradicionalmente conocemos como el de las devas y espíritus de la naturaleza. Es un libro sobre la necesidad de cambiar nuestra relación con ese mundo. Finalmente, es un libro sobre nuestra relación con el planeta. Quiero poner énfasis en la palabra *necesidad*, porque si no entendemos que se trata de una necesidad, entonces nunca contaremos con la energía y motivación para realizar este cambio de consciencia y actuar según lo que sugiero en este libro.

Vivimos en un mundo de alta tecnología y muchas experiencias. Contamos con un sinnúmero de grupos de científicos de investigación excepcionalmente capacitados que dedican sus vidas a encontrar las respuestas que necesitamos para vivir más salu-dables y en un planeta sano y vigorizante. Nos apoyamos en esas personas para que nos digan qué tenemos que hacer para lograr vivir más saludables y en un planeta sano y vigorizante.

Sin embargo, a pesar de toda esa tecnología e investigaciones científicas, yo insisto en que ahora es necesario que prestemos atención a la propia naturaleza, que reconozcamos la inteligencia innata de toda forma natural sobre la Tierra y le permitamos enseñarnos lo que necesitamos saber para poder usar esa información en nuestras vidas y con nuestra tecnología lograr superar el desastre ecológico en medio del cual nos encontramos.

La inteligencia de la naturaleza a la cual me refiero contiene verdad—una verdad que ha existido desde el comienzo del universo y la cual nos llega a través de siglos. No es algo sólo para los dotados. Es una verdad universal que está presente y nos rodea por doquier. Nuestra puerta hacia esa verdad es a través de la propia naturaleza. Muchos han abierto esa puerta. Individuos como yo que viven en pequeñas áreas rurales alrededor del mundo, tal como lo es Jeffersonton, Virginia, y han logrado acceso a esa verdad simplemente como resultado de la necesidad personal de entender algo más sobre lo que es la vida. A mayor escala, contamos con comunidades de renombre mundial como lo es Findhorn en Escocia, que comenzó a crecer y desarrollarse 35 años atrás sobre la base del esfuerzo por descubrir el proceso de co-creatividad entre el hombre y la naturaleza. Pero estos ejemplos sólo nos sirven como afirmaciones que, de hecho, existe esa verdad, y está disponible para todos, no importa quiénes seamos o dónde vivamos.

La primera vez que conscientemente entré en contacto con esa verdad fue en 1976 cuando, a raíz de una serie de acontecimientos que comparto con ustedes en este libro, decidí que quería convertirme en una estudiante de la naturaleza y recibir instrucción directamente de la naturaleza. Inmediatamente descubrí que existe una extraordinaria inteligencia en todas las formas de la naturaleza—plantas, animales y minerales; que en esta inteligencia se encuentran las respuestas a cualquier pregunta que nadie pueda formular acerca de la naturaleza—sus ritmos específicos, su verdadero balance ecológico, cómo puede lograrse ese balance con la ayuda del hombre (en algunos casos, a pesar de nuestra interferencia), el profundo papel que desempeña la naturaleza sobre la Tierra, y sus distintos tipos de relaciones con la humanidad. Esta información está esperando que nosotros la pidamos y recibamos. Todo lo que se requiere de nosotros es la decisión que queremos escucharla—lo que a veces puede resultar ser una decisión con "agallas" ya que lo que la naturaleza nos puede enseñar no es siempre lo más fácil—y aprender a cómo lograr acceso a esa fuente de información para recibirla de forma constante.

También aprendí rápidamente que el deseo de las inteligencias de la naturaleza de entablar contacto con nosotros, de comunicarse y trabajar con nosotros, es realmente intenso. La calidad de nuestras vidas, y todas las formas de vida sobre la Tierra, dependen de nuestra disposición de aprender a actuar y operar de tal manera que mejore la calidad de vida que existe, no le hagamos daño, ni la destruyamos.

En una reciente sesión con la Deva Supervisora de Perelandra, le formulé una pregunta que alguien me había formulado a mí: "Qué me respondería si preguntara: ¿Por qué es tan importante que la humanidad logre re-conectar espiritualmente con el planeta Tierra en estos momentos?"

Deva Supervisora de Perelandra

Al responder a una respuesta como esa pondría énfasis en el término "sobrevivencia". Pero tendría que observar que no me refiero a sobrevivencia en el sentido tradicional en que los humanos tienden a entender ese concepto. Ustedes conciben la sobrevivencia como lo opuesto a la muerte. Nosotras no reconocemos la muerte como una realidad, por lo tanto no hablamos de sobrevivencia en el mismo contexto.

Sobrevivencia para nosotras significa el acto de mantener la fusión y balance entre espíritu y materia en el planeta físico de la Tierra. La muerte no existe, ya que el espíritu no deja de existir. El espíritu es inmortal y existirá a través de toda la eternidad. Pero en la Tierra, el enfoque principal es lograr el balance entre espíritu y materia. Por lo tanto, el separar el espíritu de esa forma, que es en la actualidad parte de la realidad de la Tierra, es ir en contra del propósito del planeta dentro del contexto de la comunidad universal.

Si la humanidad, debido a su ignorancia o arrogancia, logra separar todo espíritu de las formas en la Tierra, no hará que el planeta deje de existir. Lo que sí logrará es que el nivel de existencia en el planeta cambie. Ese cambio no alteraría el propósito de la Tierra. No significaría que de repente la Tierra se vería exenta de, a la larga, demostrar a todos los niveles de realidad universal lo que es la celebración del espíritu, sin limitaciones, integrado con y reflejado en perfecta forma. Si ocurre tan desastroso cambio, la humanidad simplemente habrá logrado tornar un gran desafío en uno todavía más difícil.

Siempre buscamos trabajar en sociedad—la naturaleza y el hombre. La propia existencia física del hombre sobre la Tierra ha dependido siempre de todos los reinos de la naturaleza. En definitiva, el propio hecho que la naturaleza y el hombre co-existen en el planeta es índice de esa sociedad innata. Esa sociedad, antes de estos momentos actuales de cambio, ha desarrollado y crecido. A menudo los humanos, en la actualidad, se muestran renuentes a reconocer ese hecho. La fuerza tras nuestra colaboración siempre ha sido llegar a descubrir lo que tiene que ocurrir entre el hombre y la naturaleza para que el espíritu y la materia pueden unirse totalmente. Desde el momento en que el hombre y la naturaleza se unieron en el planeta, este vínculo entre ambos no ha cambiado.

Sin embargo, los tiempos están cambiando. Nuestra relación, así como todo lo demás en el planeta, debe modernizarse y avanzar hacia una nueva era. La relación tiene que cambiar de una de distante benevolencia, como ha sido en el pasado en el mejor de los casos, a una de consciente co-creatividad. A fin de poder avanzar en la demostración de lo que es el propósito de la Tierra, el hombre tiene que destruir las barreras que ha creado entre nosotros y comenzar a trabajar juntos en una nueva sociedad.

En general, los humanos no entienden la dinámica de la relación entre espíritu y materia. La naturaleza sí. Es una dinámica que es parte integral de la fuerza de vida de la naturaleza. Pero para que esa dinámica resulte beneficiosa para todos los demás niveles de realidad en este universo, tiene que desprenderse de la actual posición de custodia en la naturaleza y vincularse con el instrumento de inteligencia humana. Sólo entonces puede el principio emplearse en los demás niveles de vida. Todo lo relacionado con la naturaleza cuenta con un poder que el hombre aún no puede ni imaginar. Así como todo lo relacionado con el hombre cuenta con un poder tan extraordinario que el hombre aun no puede ni imaginar. El hombre y la naturaleza unidos, como lo hemos hecho en este planeta, representan una promesa y potencial que va mucho mas allá de nuestros poderes individuales, si sólo aprendemos a trabajar juntos para liberar lo que la naturaleza tiene y agregarle la capacidad humana de crear expansión útil a través del conocimiento intelectual aplicado.

Si los humanos continúan en su renuencia de unírsenos en la relación que estamos sugiriendo, entonces, a raíz de la ignorancia y arrogancia humana, todos continuaremos enfrentando difíciles desafíos a nuestra sobrevivencia, y a la larga, nos veremos ante la total separación del espíritu de la materia.

Además de compartir mi trabajo con la naturaleza y los resultados de ese trabajo, he incluido una sección con datos sobre mi vida privada. Lo he hecho para demostrar que existió una progresión lógica en mi vida que me llevó al punto en que estaba lista a aceptar la realidad de las inteligencias de la naturaleza.

Eso me trae a la razón más importante de por qué he incluido el relato de mis experiencias personales. *Todos* contamos con una progresión lógica. Lo llamo el cordón espiritual que atraviesa por nuestras vidas. Nuestro historial personal es una serie de acontecimientos, algunos de ellos sutiles, otros traumáticos. Tendemos a analizar esos acontecimientos desde un punto de vista emocional. ¿Qué me hizo sufrir? ¿Quién me hirió? ¿Quién me privó de una oportunidad? Etc., etc. Considero que es un proceso natural y necesario cuando enfrentamos nuestro pasado. Sin duda que yo he enfrentado mucho dolor en mi vida. Pero no creo que es la única forma de analizar lo que nos sucede en la vida. En este libro, seleccioné una serie de acontecimientos significativos en mi vida (no es un relato detallado de mi vida ya que no fue mi intención proveer una autobiografía) y analicé cada uno desde un punto de vista diferente. Me esforcé por encontrar ese cordón espiritual. En vez de preguntar por qué algo tenía que provocarme dolor o restar tanto de mi vida, me he preguntado de qué forma contribuyó eso, ese acontecimiento o persona, a lo que yo necesitaba para poder alcanzar mi posición actual. Fue como mirar a través de un caleidoscopio, los mismos acontecimientos, transformados, creando un nuevo patrón. Fue así como encontré mi cordón espiritual, en esa conexión con el nuevo patrón.

Si alguien cree que soy diferente, especial, parte de un grupo privilegiado de místicos, entonces se considerará a sí mismo incapaz de explorar y entender lo que yo quiero comunicar acerca de la naturaleza. Si ese alguien crea una separación entre nosotros y se declara alguien inferior a mí, bueno... problema suyo. *Todos* contamos con ese cordón espiritual. *Todos* contamos con esa progresión lógica, ya sea traumática o sutil, que nos lleva a todos de punto A a punto B, C y D, hasta donde, de repente, nos enfrentamos con un mundo que previamente no sabíamos que existía. Ninguno de nosotros alcanzamos ese punto por accidente.

Les entrego esta búsqueda por el cordón espiritual en mi vida como un ejemplo para que lo usen cuando analicen sus propias vidas. No puedo expresar adecuadamente con cuánta convicción recomiendo a todo el mundo que realicen este ejercicio. A mí me ayudó inmensamente a aliviar, a veces incluso eliminar, el estado de dualidad en mi vida—el ver todo en términos de bueno o malo, correcto o incorrecto, necesario o innecesario. Buscando ese cordón espiritual entendí el propósito de cada uno de esos acontecimientos individuales, y cómo cada uno contribuyó al próximo y ocurría en base a todos los que le precedieron, creando así un patrón de unidad, integral. Entendí el concepto de síntesis. El resultado ha sido que entre más revivo mi pasado, no lo hago en medio de ira y decepciones, sino con gratitud y hasta alabanza.

Perelandra
1996

OBRANDO
COMO SI EL DIOS EN TODO LO CREADO FUERA
IMPORTANTE

1

*Entrando al monasterio
de las calles*

TODO COMENZÓ bastante normal.

Hija única, nacida en 1945, de una joven pareja que vivía en Baltimore, Maryland. La madre, hermosa. El padre decidido a convertirse en un éxito financiero. Ambos convencidos que el sueño de la familia perfecta de los suburbios norteamericanos era una realidad, y esa convicción se la transfirieron también a la hija.

Recuerdo sentirme segura y a salvo con mis padres, nuestra empleada doméstica, nuestro perro Pastor Alemán llamado Mark (famoso por comerse vivo a cualquiera que osaba mirarme mal), mis dos ratones blancos y todas mis amistades en el vecindario. Excepto por un pequeño detalle. Me convertí en gran patinadora de renombre—no podía nunca parar sin tener que sentarme sobre el asfalto. Iba al cine todos los sábados con la pandilla. En kindergarten, me escapé con mi gran amor—a su casa. Sus padres me devolvieron y los míos me dieron una paliza.

Fue también entonces cuando comencé a desarrollar mi poco

usual relación con la iglesia católica. Nací en una familia judía. ¿Qué podía esperarse que supiera de las prácticas de la iglesia católica? Todas las mañanas rumbo a la escuela, eliminaba una manzana de mi recorrido atravesando diagonalmente por una iglesia católica. En el camino, siempre pasaba frente a un enorme altar con velas encendidas por los devotos. Por alguna razón, decidí que era peligroso dejar las velas encendidas, de modo que cada mañana, durante todo un año, me dedique a soplar las velas.

Sobreviví el primer grado sin mayor percance. Hacia fines del año escolar, mis padres anunciaron que íbamos a vender nuestra casa para mudarnos al campo. Mi padre estaba ascendiendo rápidamente los escalafones del éxito y había descubierto una nueva pasión: caballos. Nos íbamos a mudar a una casa más a tono con nuestra recién adquirida posición social, con suficiente terreno para que mi padre pudiera disfrutar a sus anchas en su pasión.

A comienzos de ese verano, empacamos todas nuestras pertenencias, la empleada doméstica y el perro (los ratones blancos y sus crías escaparon de su jaula y establecieron residencia en el sótano. Nunca los encontramos y mis padres se mudaron de nuestra vivienda con gran alegría de saber que habíamos dejado el sótano lleno de ratones blancos para el deleite de los nuevos dueños de casa)... y nos fuimos al campo.

Fue allí donde el sueño de la familia perfecta comenzó a desplomarse.

Mi madre había disfrutado de su vida y amistades en Baltimore. Más tarde en mi vida entendí que era una mujer muy tímida, lo cuál disfrazaba con pedantería, y era también una mujer emocional y mentalmente inestable—ninguna de las dos cosas se tornó evidente hasta después de nuestra mudanza. Lamentablemente para mí, algo que agravaba seriamente su inestabilidad mental y emocional era el hecho de tener una hija. No le gustaban los niños y no apreciaba el tener que quedarse sola conmigo. Yo ya no contaba con mis distracciones normales del vecindario en la ciudad para ocupar mi tiempo fuera de la casa, así que pasaba mucho tiempo, durante nuestros primeros meses en el campo, sentada por todas partes tratando de descubrir qué hacía la gente que vive en el campo para entretenerse. Mi presencia generaba considerable tensión en mi madre. Nuestra empleada doméstica, que Dios la bendiga, se dio cuenta de lo que estaba sucediendo y asumió control de gran parte de mi cuidado y alimentación. Hacía cualquier cosa con el fin de crear algo de distancia entre mi madre y yo.

Y para empeorar mi soledad, mi padre, que para entonces se había convertido en un exitoso vendedor ambulante de la industria de ropa, pasaba períodos de hasta tres meses consecutivos ausente. Regresaba durante unas tres semanas, dedicaba todo su tiempo a los caballos, discutía con mi madre sobre su práctica de emitir cheques sin anotar en el talonario y volvía a irse por otros tres meses.

Fue durante este período que inconscientemente los tres nos aislamos uno del otro. Mi madre se apartó de mí, excepto para desempeñar las más básicas obligaciones de padres, y trató de buscar con qué mantenerse ocupada en los períodos en que mi padre estaba ausente. No fue muy creativa en este aspecto. Pasaba horas mirando las telenovelas de la televisión. Durante el invierno cosía. Pero operaba bajo la regla de que si no podía terminar en un día la labor que emprendía, nunca volvía a poner sus manos sobre ella. Como resultado había gran cantidad de pedazos de ropa sin terminar por toda la casa. En el verano compró plantas de un invernadero local para sembrar un jardín de flores y pasaba largas horas todos los días desyerbando. No era tanto que disfrutaba su trabajo con las flores, sino que estaba decidida a lograr un buen bronceado. Calculó que si permanecía tiempo suficiente todos los días al sol, sus pecas (de las cuales tenía muchas) se tornarían en una sola mancha que la cubriría toda y se vería como un perfecto bronceado.

Mi padre, cuando llegaba de sus viajes, se cambiaba de ropa y se iba a los establos a trabajar con sus caballos. Su pasión por los caballos era casi igual a su pasión por ganar dinero. Estaba decidido a aprender y hacer todo lo necesario para convertirse en el mejor deportista ecuestre, y el propietario de los caballos de caza y salto mejor entrenados en todo el condado. Al comienzo mi madre iba a montar con él, pero no compartía su pasión. Un día, después de una discusión, mi madre anunció que no montaría más, y así fue.

Nuestra empleada doméstica me protegía de gran parte de la tensión y aislamiento que estaba surgiendo entre mis padres. No obstante, tenía otras obligaciones que atender en la casa, y eso me dejaba con mucho tiempo sola.

Comencé a desarrollar una vida interna muy especial creando un mundo secreto dentro de mí—un mundo que era fuente de gran placer y emoción. Mi habitación se convirtió en mi refugio. El bosque de ocho acres detrás de nuestra casa se convirtió en mi gran amigo. Jugaba imaginándome que era un indio viajando por el bosque a pie, atravesando miles de millas, para llegar a mi nuevo hogar. Siempre iba escapándome de los soldados blancos que nunca estaban muy lejos tras mi rastro, por eso era importante desplazarme por el bosque sin hacer ruido. Pasaba horas caminando de puntillas y moviéndome por lugares difíciles en el bosque sin mover ni una hoja. Luego, en silencio, subía a los árboles para ver si los soldados venían tras de mí. Me torné muy capaz en el arte de entretenerme sola. Ese mundo era algo que no compartía con nadie, ciertamente no con mis padres.

Tan pronto como aprendí a escribir, comencé a llevar un diario de mis aventuras y también de mis fantasías—extraños lugares y personas con las que me relacionaba cuando me sentaba callada y sola. Tomaba nota sobre todos los sonidos y olores, todo lo extraño de ese nuevo medio ambiente. No sabía dónde estaban esos lugares, no encontraba nada familiar en ellos. Simplemente asumí que eran fantasías y que todo el mundo las tenía igual que yo. No fue hasta que cumplí 28 años que descubrí que mis fantasías de niña eran realmente viajes astrales.

Durante el verano entre mi segundo y tercer grado de escuela elemental, mi padre decidió que era hora de que yo aprendiera a montar a caballo. Mi madre había dejado de montar y él necesitaba otro "cuerpo" que le ayudara a proveerle ejercicio a los caballos. De modo que me regaló el caballo de mi madre—un inmenso pero dócil animal de 16 manos y media, de raza mixta, llamado "Freedom" (Libertad).

Durante un año había vivido aterrorizada de ese caballo porque era tan grande y tenía el hábito de jugar con nuestra nueva perra agarrándola por el cuello con sus dientes y poniéndola en su espalda. Entonces la perra se paraba sobre su lomo y él la llevaba por el prado igual que un caballito de circo. Siempre tenía visiones que él me tomaría a *mí* del cuello si me acercaba demasiado. En segundo grado, nuestro consejero escolar sometió a toda la clase a uno de esos terribles exámenes de personalidad en el cuál una de las preguntas era: "¿Qué es lo que más te asusta?" Yo, por supuesto, respondí: Freedom. Esto generó toda una crisis en que mi maestra, el consejero y el director de la escuela llamaron a mis padres a una reunión de emergencia para conversar sobre la extraña niña que le tenía miedo a la libertad. ¡Como esto coincidió con la fobia nacional de la era de McCarthy, creo que mis padres llegaron a la conclusión que las autoridades escolares sospecharon que ellos eran comunistas! Mi padre se encargó de aclarar todo el malentendido rápidamente—¡seis meses después me dio el caballo de regalo! No estoy segura si fue en recompensa o castigo.

Lo primero que decidí con respecto a Freedom fue que no quería caerme de su lomo—estaba segura que la pura distancia a la que me encontraba del suelo era suficiente para matarme. Durante los próximos tres o cuatro años esa fue la principal motivación que me mantuvo encolada al lomo de ese caballo.

Ustedes conocen el viejo adagio sobre cuán desastroso puede ser para las esposas y las hijos ser enseñadas por sus esposos o padres. Mi proceso de aprendizaje con mi padre probó la veracidad del refrán.

Mi padre me sometió a un programa de capacitación con tanto rigor, dedicación y disciplina como el que había desarrollado para sí mismo. Era exigente e impaciente, y de alguna manera, debido a mi propio nerviosismo, estuve en posición de probarle una y otra vez que su hija era una total imbécil. Me gritaba una orden, yo me ponía tensa, y hacía exactamente lo opuesto. ¡Era entonces cuando me amenazaba que me iba a quitar el caballo si no prestaba atención! Todo los días, durante dos o tres horas, me montaba sobre ese animal y repetíamos la misma desgarradora rutina. (Lo que ninguno de los dos sabíamos entonces era que yo sufría de dislexia. Cuando mi padre me gritaba que diera vuelta a la rienda hacia la izquierda, mi mente quedaba en blanco, e invariablemente terminaba dando vuelta a la cabeza de Freedom hacia la derecha. ¡Eso es dislexia!)

Un día noté que cuando mi padre gritaba una orden, el caballo automáticamente hacía lo que él estaba gritándome a mí que hiciera. ¡Freedom había recibido entrenamiento respondiendo a órdenes orales y nadie me lo había dicho! Desde entonces descubrí que todo lo que tenía que hacer era sentarme sobre él y dejarlo que reaccionara a lo que fuera que mi padre gritaba. De esa manera no cometería errores.

Fue una movida brillante. Funcionó. La tensión entre mi padre y yo disminuyó drásticamente. Dudo que él haya pensado que había ocurrido un milagro y de pronto me había tornado en una niña astuta e inteligente. Siempre me había dicho que el caballo era más inteligente que yo. A partir de este momento, comenzó a apreciar el hecho que yo estaba empezando a entender que el caballo era más inteligente que yo.

Pasé casi todos los días durante siete años montando a caballo. Al comienzo montaba mayormente a Freedom, mientras aprendía lo básico. A medida que mejoraban mis destrezas, mi padre comenzó a hacerme montar otros caballos. Pasaba horas en el círculo de montar—moviéndome en círculos. Mis amigos en la escuela también tenían caballos, y hablaban sobre sus largos recorridos juntos por bosques y prados. Mi padre no me dejaba hacer eso. Era muy peligroso. Los caballos eran un negocio serio.

Podía caerme haciendo algo estúpido y matarme. Y a modo de poner más énfasis en su punto de vista, una de mis amigas decidió un día montar su potrillo mientras se encontraba pastando a campo abierto. Algo asustó el caballito haciendo que girara abruptamente y partiera corriendo. Ella se cayó, y como no llevaba puesto casco de protección, se pegó en la cabeza y pasó un mes en el hospital con la parte superior de su cabeza en un tipo de refrigerador mientras ella deterioraba convirtiéndose en un vegetal.

De modo que yo continué montando a caballo en círculos.

En vista de mi falta de nociones más frívolas, torné toda mi atención hacia el logro de excelencia en esos círculos—quería hacer todo lo que fuera con los caballos de la manera más perfecta posible. Se tornó en algo intrigante, un constante rompecabezas—un juego. ¿Qué estaba yo, o el caballo, haciendo mal para hacer que cierto movimiento no fuera perfecto? Cuando alcanzaba la deseada perfección, me daba cuenta enseguida. Podía detectar la diferencia en la calidad de los movimientos. A la larga, el montar en círculos se tornó divertido.

Sobreviví esta intensa experiencia con mi padre y quedé con una serie de destrezas sumamente útiles en mi vida. En primer lugar, me dio gran sentido de logro, éxito—llegué a convertirme en una excelente deportista ecuestre. Superé mi miedo a Freedom... ¡y nunca me caí! También experimenté lo que significa luchar por el logro de la excelencia—y lo que se siente al lograrlo. Aprendí a enfocar mis energías de manera disciplinada. Y aprendí cómo lograr gran satisfacción y gozo interior haciendo algo que parecía totalmente tedioso.

Ya había aprendido todo esto a mis doce años.

Unos años después de haber comenzado a montar, nuestra empleada doméstica tuvo que abandonarnos. Había estado viviendo en nuestra casa durante los días de semana y regresando con su familia los fines de semana. Pero alguien se enfermó—su esposo o hijo—y la necesitaban en su hogar. Me entristeció mucho verla partir. Aun cuando la consideraba una amiga y madre, lo que más me aterraba era lo que podía sucederme si ella no estaba ahí para protegerme de mis padres.

Durante un tiempo no fue tan terrible. Los viajes de negocios de mi padre cambiaron, ahora se ausentaba unas tres semanas en cada oportunidad, en vez de tres meses. También pasó a formar parte de los grupos de equitación locales—cazas, fiestas, espectáculos de caballos, etc. A pesar de que mi madre no montaba, el ir a los espectáculos, ofrecer fiestas y estar rodeada de nuevas amistades le confirió un nuevo sentido de dirección y propósito en su vida. No parecía sentirse ya tan sola.

Pero toda esta gente eran grandes bebedores y fue durante este período que ella comenzó a beber—algo que no había hecho antes. De modo que ahora, durante los veranos, en vez de desyerbar y tratar de hacer que su cuerpo se viera cubierto de una sola peca, se acostaba al sol, a mezclar tragos, mientras seguía buscando la expansión de sus pecas.

Todos entramos en una nueva etapa de aislamiento. Mi madre se hundió en su botella. Mi padre creó toda una serie de metas personales con sus caballos lo cual hizo que se tornara aún más obtuso en esta área de su vida. A la misma vez, cambió el curso de su actividad comercial. Decidió que iba a comprar la empresa para la cual había estado trabajando y convertirse él en empresario. Su vida estaba ahora totalmente dividida entre sus caballos y su empresa. Era el trabajo de mi madre, como esposa, cuidar de la casa (quedaba en libertad de contratar la empleada doméstica que deseara) y los niños (de los cuales sólo había una: yo).

Para yo sobrevivir en este medio ambiente, me resultaba necesario entrar cada vez más en mi mundo interno. La equitación continuaba ocupando gran parte de mi tiempo libre. Me concentré en sacar buenas notas y participaba en todas las actividades escolares que podía. Durante las horas en las que estaba sola, exploraba mis aventuras internas. Desarrollé un nuevo nivel de tranquilidad y fascinación en torno a lo que surgía en mis fantasías... y todas las noches lo escribía en mi diario.

Todo lo escribía en mis diarios—mis fantasías, observaciones sobre la gente que conocía, mis temores, iras, problemas y deseos. Para cuando tenía 12 años ya había desarrollado un escape para todo lo que ocurría dentro de mí—un escape que me daba un maravilloso sentido de alivio emocional porque en mis diarios podía "decir" cualquier cosa sin temor a juicios externos o represalias. Mediante este proceso, experimenté y desarrollé un sentido de inmensa libertad interior, a pesar de las limitaciones y pesares externos.

El ave libre que se encuentra en una prisión—mi vuelo era interno.

Para cuando cumplí los 10 años ya mi madre era una total alcohólica. El alcoholismo no era algo que preocupaba a la clase alta a mediados de la década de los 50. Era un problema que afectaba a los pobres y vagabundos en las calles. Todos los indicios y advertencias que emitió mi madre fueron ignorados. Mi padre siempre tuvo la extraordinaria capacidad de ver sólo lo que quería ver. (Muchos años después, yo le comenté sobre esos primeros años del alcoholismo de mi madre, y me dijo que nunca se percató de que estaba borracha todos los días durante los últimos dos años que estuvieron juntos. Le creí. Era un hombre cuya visión siempre fue completamente obtusa).

Su comportamiento se tornó cada vez más errático—especialmente conmigo. El alcohol hizo surgir su ira reprimida por haber tenido una hija, y comenzó a obrar de la manera más extraña y cruel conmigo. Si me encontraba acostada sobre la alfombra de la sala mirando televisión, se paraba sobre mi pelo, de modo que no pudiera mover la cabeza, y me escupía lentamente en la cara. A pesar de ser sólo una niña, entendía perfectamente que ese comportamiento era un tanto fuera de lo normal. Nunca escuché a ninguna de mis otras amistades decir que sus padres hicieran cosas similares. También trataba de aliviar sus frustraciones tratando de hundir mi cabeza con un sartén de hierro, metiendo mis manos y cara en recipientes de comida caliente, obligándome a comer hasta que vomitaba, o sometiéndome a extrañas pruebas psicológicas que, cuando fracasaba en ellas, provocaba que me enviara de castigo a mi habitación por largos períodos de tiempo (ese castigo era de mi agrado).

En medio de tales actividades, venía a mí gimiendo, a decirme cuánto me quería—lo cual yo aceptaba porque, en el ideal de la realidad perfecta de la familia norteamericana, las madres siempre quieren a sus hijos.

En general, mi respuesta era esconderme cuanto podía. Aumenté mis actividades escolares aún más, pasaba horas escribiendo en mis diarios y me escapaba en mis aventuras interiores. Fuera de esconderme, no sabía qué otra cosa hacer respecto a mi madre.

El ambiente en la casa se tornó más intenso. Nadie le hablaba a nadie. Ni siquiera nos deseábamos buenas noches. Cada uno mantenía una fachada de actividad. Mis padres continuaban asistiendo a sus fiestas semanalmente. A estas alturas, mi madre no mostraba reserva alguna en cuanto a su extraño comportamiento. Por supuesto, casi siempre estaba borracha, pero ahora no trataba de esconderlo ni aparentar normalidad en público. Se comportaba sarcástica—abiertamente grosera—con las personas con las que se relacionaba en las fiestas. No era nada fuera de lo común escucharla decirle a alguien que su adorado niño era un desagradable y malcriado llorón...

Cuando pienso sobre todo ese período de mi vida, a veces me pregunto si mi madre no era la única cuerda en toda la familia. Habíamos creado una situación totalmente absurda, y a la larga ella fue la única que optó por actuar de manera igualmente absurda. Las fiestas a las cuales iban todo el tiempo eran del tipo que aparecen en las crónicas de alta sociedad en los periódicos. Todo el mundo presentaba una fachada aceptable. De alguna manera, en medio de su embriaguez, mi madre se percató de toda esa hipocresía y explotó.

Fue precisamente en una de esas fiestas en mi casa. Alguien cometió el error de preguntarle cuándo se serviría la cena. Estaba ya tres horas atrasada. Ella respondió lanzando su copa de martini al otro lado de la sala, haciéndola pegar contra la cabeza del pequeño adorado de uno de los invitados (precisamente el niño que ella más despreciaba) y luego desplazándose por toda la casa destruyendo todo a su paso. Mi padre no logró agarrarla antes de que pusiera una silla a través de la pantalla del televisor, pero sí alcanzó a parar otra silla a medio vuelo antes de que pegara contra el armario de cristal con toda la losa.

Yo me senté en un sofá a observar las expresiones y susurros de urgencia de todo el mundo a medida que iban saliendo de la casa rumbo a sus respectivos autos. Mi madre terminó de bruces en el suelo con mi padre encima aguantándola, justo frente a mí. Mi padre tenía sangre en su rostro que iba cayendo sobre ella mientras lloraba. Mi madre continuaba gritando obscenidades dignas de un marinero, aludiendo a la violencia de mi padre, hasta que perdió conocimiento. ¡Por fin había logrado captar su atención!

Yo entré en un estado de semi-aturdimiento—en el cual habría de permanecer durante los próximos ocho años. Nada de esto se ajustaba a mi concepto de lo que debía ser una familia. Fue en este momento cuando me dividí en dos personas distintas. Una gozaba de la más increíble, alegre y poderosa energía de vida dentro de ella. La otra asumió responsabilidad por la sobria tarea de sobrevivir. Para entonces, estaba tan acostumbrada a tener que resolver y lidiar con mis propios problemas que ni siquiera se me ocurría que debía pedir ayuda a alguien. Si lograba pasar desapercibida por un tiempo y continuaba con mi vida normal, esta situación se resolvería y todos volveríamos a vivir el sueño norteamericano de la familia feliz.

Por lo menos tenía mi escuela y mi habitación—eso seguía siendo estable y constante en mi vida. Mi rutina prevalecía.

Pero en cuestión de un mes, mi madre se las arregló para destruir esos últimos vestigios de estabilidad. Un día regresé de la escuela para descubrir que había ido a la oficina de un abogado a firmar los papeles de divorcio y que no pretendía regresar a la casa. Recuerden que todavía me encontraba semi-aturdida—un estado emocional que me protegía de todo el daño que me rodeaba. Recibí las nuevas que me entregó mi padre con toda valentía, introduje la información en mi pequeña "computadora" mental y traté de calcular qué iba a significar en mi vida este nuevo acontecimiento. Hasta lo que podía entender, continuaría asistiendo a la escuela, pero no estaba segura sobre mi habitación y mis comidas. Confiaba en que mi padre se encargaría de mis necesidades básicas y atendería a ellas. Después de todo ese es el papel que está supuesto a desempeñar un padre.

Pero mi padre perdió el control. Su concepto de familia se había basado en la existencia de una esposa que cumpliera con la descripción de sus labores. Ahora se encontraba con una hija—de doce años—con la que apenas hablaba, y no tenía la más mínima idea cómo cuidar de ella.

Varias personas ofrecieron ayuda indicando que estarían dispuestas a tenerme con ellos en sus casas, al menos en lo que concluía el año escolar.

La primera familia no pudo lidiar con mis períodos de silencio. Me consideraron terriblemente extraña. La madre y cuatro adolescentes resintieron mucho que me hice amiga del padre—un hombre callado, amable y sumamente intelectual que disfrutaba contándome historias mientras el resto de la familia se mantenían ocupados en otras partes de la casa viviendo sus vidas. Juntos formamos un club oficial de indeseables, haciendo que mi residencia en ese hogar resultara inaceptable. El día que mi padre vino a recogerme, todos en la familia desaparecieron. Les dejé una nota diciendo gracias y adiós.

La segunda familia constaba de un esposo, una esposa que había sido maestra (retirada) y un bebé. La maestra-esposa no tuvo problema alguno en aceptar mis períodos de silencio. Todo iba muy bien hasta que un fin de semana el esposo se emborrachó mientras la esposa no estaba en la casa, y trató de violarme. De alguna forma logré convencerlo que no lo hiciera. Cuando la esposa regresó y descubrió que yo estaba aún más profundamente retraída y escribiendo con gran ansiedad en mi diario, debe haber sospechado que algo había sucedido. Cuando estaba en la escuela, ella entró en mi habitación y leyó todo sobre el desagradable incidente en mi diario. Cuando regresé a la casa esa tarde, mi padre estaba esperándome. Se suscitó una gran confrontación con el esposo durante la cual yo tuve que dar detalles, frente a él, de todo lo que lo había acusado en mi diario. El confesó y me sacaron inmediatamente de esa casa.

Mi padre nunca hizo mención alguna del incidente. De nuevo, quedé con la impresión de que el fracaso había sido culpa mía. Ni siquiera estaba segura si mi padre creía lo que yo había dicho hasta varios días después cuando el esposo vino a nuestra casa a hablar con él. Yo escuché la conversación desde el piso superior. Aparentemente mi padre se había puesto en contacto con un abogado para demandar al individuo—asumo que por intento de violación—pero el abogado le había aconsejado que desistiera de la idea porque habría resultado demasiado traumática para mí. El hombre se sintió terriblemente aliviado al enterarse de esto—acababa de descubrir que su esposa estaba embarazada nuevamente. Le pidió disculpas a mi padre y se fue.

Por el momento, me encontraba de nuevo en mi habitación.

Mi padre emprendió gran actividad en búsqueda de una nueva esposa que pudiera restaurar su familia. La candidata resultó ser su secretaria—una mujer apenas unos 8 años mayor que yo. Yo estaba entusiasmada con la posibilidad de la restauración de la familia y poder reanudar mi antigua rutina familiar. Pero la nueva mujer estaba interesada en otra cosa. Dinero. Sabía que mi padre estaba a punto de comprar la empresa y que eso lo convertiría en un hombre sumamente rico. Lo último que necesitaba era otra heredera en la familia que pudiera demandar derechos sobre esa fortuna. Así que mientras yo esperaba con gran anticipación el tener una "hermana mayor" alrededor, ella estaba maniobrando la forma de deshacerse de mí y sacarme de la vida de mi padre.

Regresa mi madre. Después de seis meses desaparecida, aparentemente había sufrido una de sus sesiones de culpa por ser una madre tan terrible, y en un ejemplo clásico de acción oportuna, llamó a mi padre a pedirle si yo podía ir a vivir con ella. El había estado aguantando todo tipo de discusiones y enfrentando problemas con la potencial esposa #2 debido a mi existencia, y decidió que si podía sacarme de la casa el tiempo necesario para casarse con ella y establecer una situación normal de familia, que a la larga, podría traerme nuevamente a la casa—y viviríamos felices para siempre.

Tan pronto como terminó la escuela, me dijeron que preparara mis maletas—iba a ir a vivir con mi madre. La noticia me dejó *totalmente* aturdida.

También me dijeron que podía llevarme cualquier cosa que quisiera de la casa. Empaqué toda mi ropa, mi enciclopedia, todos mis diarios, todos mis discos de música (un total de unos diez), el tocadiscos portátil que mi padre me había regalado esa Navidad y un cuadro. Teníamos una serie de bosquejos originales de escenas ecuestres alrededor de la casa. Seleccioné mi favorita—una con tres yeguas y sus crías en un prado. Dos de las crías estaban disfrutando de su cena, cortesía de sus madres. La tercera cría y su madre estaban separadas, cada una comiendo yerba—pero la cría con las patas abiertas en un esfuerzo por alcanzar el suelo. No fue hasta muchos años más tarde que, al dejar caer el cuadro y ver la parte de atrás del marco, descubrí que la escena que había seleccionado para llevarme de mi casa se titulaba "Robusto individualismo". Sin darme cuenta, había escogido el cuadro que mejor simbolizaba la nueva etapa de vida en la que estaba entrando.

El día que salí de mi casa sabía que nunca regresaría. Sentí gran pesar cuando miré durante largo rato la casa, el bosque, el prado, Freedom... yo *sabía* que no regresaría. Sentí tristeza y miedo. Mi ritmo predecible y seguro. Mi escuela—el año entrante tendría que ir a otra escuela porque mi madre vivía muy lejos. La seguridad de mi habitación. La seguridad que están supuestos a proveer los padres. Mi hogar.

Tenía 13 años y estaba abrumada ante mi futuro. El día que me fui, de alguna forma sabía que toda mi existencia en lo sucesivo dependería de mí. No estaba segura de lo que eso significaba, pero era lo que sentía de manera inequívoca. Conscientemente, sabía que no estaba preparada para asumir cargo de mi propia vida. Salí de la casa de mi padre con dos destrezas, gracias a nuestra empleada doméstica. Podía preparar huevos revueltos y planchar pañuelos. Lo que no sabía entonces era que mis años en la olla de presión con mis padres me habían obligado a forjar precisamente las cualidades que necesitaba para la etapa de mi vida a la que me preparaba a entrar. No sabía cómo sobrevivir de día a día—eso lo aprendería a medida que iba encontrando problemas—pero tenía el valor interno necesario, la constitución interna para generar la motivación necesaria dentro de mí para sobrevivir.

Una vecina—ex-amiga de nuestra ex-familia—me llevó en auto hasta la casa de mi madre. Estaba viviendo en un pueblo de veraneo en la costa oriental de Maryland, llamado Ocean City. Como familia habíamos ido a Ocean City todos los años en el verano de vacaciones, desde que yo tenía uso de razón. A mi madre siempre le gustó mucho más que a mi padre este sitio de veraneo.

Nadie me había dicho sobre el nuevo estilo de vida de mi madre, sólo que ahora tenía un trabajo y vivía en un apartamento. Cuando salí de mi casa, tenía, además de mi caja de cartón y maleta, $20 que mi padre me dio para el viaje junto con la dirección de su apartamento.

Llegamos temprano en la tarde. Mi madre nos estaba esperando con las uñas recien pintadas de un azul metalizado y un nuevo amigo. Pasamos las próximas horas en el apartamento, mi madre poniéndose al día con todas las noticias del viejo vecindario, y los tres adultos emborrachándose a medida que transcurrían las horas. Creo que mi madre realmente me había echado de menos. Incluso después de beber considerablemente permaneció afectuosa conmigo. Se jactó frente a su amigo sobre su hermosa y maravillosa hija. Yo encontraba toda la escena penosamente bochornosa.

A horas avanzadas de la tarde, la amiga vecina se fue para regresar a su casa y mi madre me informó que ella y "como se llamara" tenían una cita para ir a cenar. Yo podía desempacar, y si me daba hambre, había comida en el refrigerador que ella había comprado para mí el día anterior. Ella regresaría temprano, y yo no debía abrir la puerta a ningún extraño.

No regresó hasta tres meses después.

Me senté en el apartamento esperando durante tres días, saliendo solamente durante cortas caminatas por la playa. Mi estado de semi-aturdimiento se iba tornando menos semi y más total a medida que pasaban los días. Mientras más caía presa del pánico, mayor era mi calma. Llegó el punto en que estaba muy, muy calmada.

Después del segundo día, traté de llamar a mi padre desde un teléfono público en la calle. (No había teléfono en el apartamento). Pero la futura esposa #2 contestó y me dijo que no podía molestar a mi padre, que yo era la causa de todos sus problemas y que tenía que irme y dejarlos en paz. Un par de llamadas telefónicas más comenzaron a mermar seriamente mis $20, de modo que dejé de tratar de llamarlo calculando que era mejor que guardara mi dinero para comprar comida.

Siempre que he compartido esta etapa de mi vida con amistades no pueden comprender cómo me las arreglé para sobrevivir más allá de este momento. Sólo tenía 13 años. No podía haber sido más ingenua sobre el mundo que me rodeaba. Me encontraba en un ambiente totalmente extraño. Los $20 que tenía eran, en términos prácticos, igual que no tener nada de dinero. Me encontraba totalmente sola—desvinculada de ambos padres. Pero todo el que se ha visto en una situación difícil sabe que cuando uno se encuentra a ese nivel hay un interruptor interno que se enciende y uno se llena de una fuerza súbita, de un profundo sentido de sobrevivencia, que comienza a motivar todo tipo de acción. La vida se torna básica y muy simple.

Se apoderó de mi un gran temor de morir de hambre. La idea de ir perdiendo lentamente la vida en un extraño apartamento me aterrorizaba. El instinto básico de supervivencia tomó posesión de mí. Decidí que necesitaba comida. Para obtener comida, necesitaba dinero. Para obtener dinero, necesitaba un trabajo.

Ahí enfrenté mi primer obstáculo. Había escuchado decir en la escuela que todo joven necesitaba permiso de trabajo para poder trabajar antes de los 16 años. No estaba segura exactamente qué era un permiso se trabajo, pero sabía que los padres tenían que firmarlo. Como yo carecía de padres alrededor mío que pudieran firmar, decidí que tenía que encontrar la forma de obviar este problema. Afortunadamente, a pesar de que tenía 13 años, ya medía 5 pies con 9 pulgadas. En cuestión de minutos pasé de haber nacido en 1945 a haber nacido en 1942, resolviendo así el problema de la edad.

El próximo problema era determinar qué tipo de trabajo podía obtener con mi extraordinario repertorio de destrezas sobre cómo planchar pañuelos y preparar huevos revueltos. Me encontraba rodeada de restaurantes y cafeterías, así que decidí que mis talentos con huevos revueltos eran la respuesta y decidí ir en busca de un trabajo como camarera.

La idea de buscar trabajo me horrorizaba, pero no tanto como la posibilidad de morir de hambre. Un terror superando al otro fue lo único que me llevó a salir del apartamento.

No me van a creer esto—suena demasiado conveniente—pero tuve suerte en mi primer intento. Fue en un pequeño café ubicado en un motel. La única camarera que tenían había renunciado, y el administrador necesitaba una nueva camarera tanto como yo necesitaba el trabajo. Me inventé las respuestas a todas las preguntas en la solicitud de empleo, calculando que lo único que me separaba de una buena comida eran esas absurdas preguntas.

Entonces se presentó el problema del número de Seguro Social—algo sobre lo que ni siquiera había escuchado hablar antes. Fue entonces que el administrador se puso un tanto sospechoso. Se sentó a mi lado y me preguntó que de dónde venía y qué hacía en Ocean City. Le hice un cuento triste sobre mis padres que se estaban divorciando, mi padre una persona muy pobre, mi madre incapaz de obtener nada de él para ayudarnos a sobrevivir, y que habíamos venido a Ocean City a iniciar una vida nueva. Ella ya tenía un trabajo pero no le pagaban lo suficiente, de modo que yo también tenía que ir a trabajar. Con mi relato lo hice olvidar todo respecto al problema del Seguro Social, pero le prometí que inmediatamente pondría en el correo mi solicitud para obtener un número de Seguro Social, siempre y cuando me permitiera empezar a trabajar enseguida.

Admito que no era una historia muy convincente, pero funcionó. La presión a la que estaba sujeto teniendo que contratar a alguien antes de la hora del almuerzo, junto con mi fuerte determinación de comer, lo animó a contratarme mientras yo esperaba por mi tarjeta de Seguro Social. (Afortunadamente, llegó en cuestión de unas dos semanas. Puede que este haya sido el único caso en que el gobierno ha operado con prontitud).

Saqué lo último que me quedaba de mis $20, y fui a una tienda que sugirió el gerente a comprarme un uniforme para poder comenzar a trabajar esa misma tarde.

Como camarera resulté ser un perfecto desastre. No era que no me esmeraba en el trabajo. Me movía por toda esa cafetería como si estuviera participando en una carrera. Pero no tenía la más mínima idea de lo que estaba haciendo, de modo que todos mis movimientos resultaban totalmente inapropiados. No podía captar el hilo de cómo tenía que organizarme. Los clientes me daban sus órdenes, pero me tomaba más de ocho viajes hacerles entrega de lo que querían. Todo el mundo debe haberse apiadado por mis buenas intenciones porque desde el comienzo recibí muy buenas propinas. El dinero me llegaba en cantidades generosas— ¡unos $8 ese primer día! Eso era suficiente para disfrutar de una muy buena comida y todavía tendría dinero adicional para el día siguiente. Seguridad.

Quisiera poder decir que me convertí en una buena camarera, pero sería una mentira. El cocinero era un hombre de edad avanzada que había sido cocinero de comida rápida un par de años menos que una eternidad. Preparaba los panqueques y huevos haciéndolos girar en el aire sobre el sartén. Yo aceptaba que era un genio. El se dio cuenta desde el primer momento en que entré al establecimiento que nunca había trabajado antes. Así que durante la primera semana me dio muchas sugerencias, anticipaba mis necesidades, me agarraba en plena carrera, me daba la vuelta y me encaminaba en la dirección correcta. Llegamos a ser un buen equipo, siempre y cuando él estuviera dispuesto a realizar su trabajo y la mitad del mío.

Durante la tercera semana, comenzaron a dolerme mucho las piernas. Asumí que se debía a trabajar demasiado. No me preocupó. Pero el dolor continuaba. El gerente y el cocinero insistieron que tenía que ir a ver un médico.

Todo parecía indicar que estaba sufriendo de dolores de crecimiento. Había crecido demasiado rápido en un período muy corto y estaba sufriendo de un problema temporal con mis coyunturas que el trabajo como camarera estaba irritando más. Tenía que dejar de trabajar. Buscar algo menos físicamente extenuante. (Cuando el médico me preguntó dónde estaban mis padres lo distraje con un relato similar al que le había ofrecido al gerente de la cafetería. Me dijo que enviaría la cuenta a nuestro apartamento para que mi madre le pagara. Esto por lo menos me dio algo de tiempo para poder obtener el dinero necesario).

Regresé a la cafetería en estado de pánico... aunque exteriormente aparentaba estar sumamente calmada. El dueño no se encontraba. Mientras esperaba comencé a conversar con una joven que estaba a cargo de la piscina del motel. Le expliqué mi situación y resultó que ella estaba interesada en un trabajo como camarera porque quería ganar más dinero.

Mi mente comenzó a operar rápidamente. Yo había tomado lecciones de natación con la Cruz Roja en mi casa y me había convertido en una excelente nadadora. Para cuando tenía nueve años ya había alcanzado el nivel avanzado de natación, mucho más que los demás niños de mi edad. Tuve que repetir las clases de natación durante dos años porque era demasiado joven para entrar en las clases para salvavidas. Pero en mi último año, me habían permitido tomar la clase en vez de hacerme repetir otra vez el nivel de natación, siempre y cuando yo entendiera que era demasiado joven para recibir un certificado de salvavidas al final del curso. No había razón práctica alguna que me impidiera ahora asumir el cargo de salvavidas. Era una piscina pequeña, podía realizar la tarea sin problema alguno.

Para cuando llegó el dueño de la cafetería, la joven y yo habíamos acordado intercambiar trabajos, y él estuvo de acuerdo. Yo le expliqué lo que me había dicho el médico, le di una demostración de mis destrezas como salvavidas y accedí a obtener la aprobación del médico para realizar el trabajo.

Me desempeñé muchísimo mejor como salvavidas que como camarera. Sólo tuve que entrar en acción un par de veces—en ambas ocasiones para sacar del agua a niños que se habían resbalado de sus tubos salvavidas. Cuando los padres me preguntaban si podía darles clases privadas a sus hijos, calculé que ¿por qué no? Me sabía todas las lecciones de la Cruz Roja de memoria. Simplemente les enseñaría lo que yo sabía y podía ganar dinero adicional.

Esos dos meses que quedaban del verano fueron muy agradables. Estaba ganando suficiente dinero para pagar por mis comidas—incluso había comenzado a ahorrar un poco. Tenía un trabajo haciendo algo que me gustaba y encima estaba obteniendo un gran bronceado.

Traté de llamar a mi padre un par de veces, pero me resultó imposible superar las barreras de la, actual, esposa #2. Le escribí varias cartas pidiéndole ayuda, pero ella interceptó las cartas también y me las envió de vuelta con comentarios desagradables recomendándome que los dejara tranquilos. El tratar de regresar a mi casa—tal vez en autobús—no me parecía una opción muy inteligente. No quería invertir mi dinero en un pasaje de autobús para un viaje que con toda probabilidad no resultaría fructífero. Temía terminar perdiendo mi trabajo y mi dinero.

Descubrí que mi madre estaba trabajando como anfitriona en

un hotel. Fui donde ella un par de veces, mayormente para informarle que el propietario del apartamento quería su alquiler. Además porque tenía la esperanza que ella dijera o hiciera algo que me diera algún indicio de que iba a cuidar de mí. En vez de eso, siempre me decía que regresara donde el propietario y le dijera que ella vendría en un par de días con el dinero y también a verme a mí—claro está que eso nunca sucedió.

No fue hasta dos años y medio más tarde cuando comencé a aprender algo sobre el alcoholismo, que me di cuenta que mi madre en esa época estaba sufriendo períodos en que perdía totalmente la memoria. Probablemente olvidaba constantemente que yo me encontraba en Ocean City, incluso que había alquilado un apartamento para nosotras. Ella estaba viviendo con un amigo quien asumía que se estaba encargando de todas mis necesidades. Nunca le preguntó nada al respecto. Cuando perdía la memoria, igual podía funcionar "normalmente" en su rutina diaria. Simplemente no recordaba nada de lo que estaba ocurriendo—pero la gente alrededor suyo no tenían idea que estuviera pasando nada anormal.

Todas las circunstancias que llevaron a que estos dos adultos a desvincularse totalmente de su hija son, en el mejor de los casos, bastante complejas. Desde mi punto de vista me parece obvio que era importante para mi desarrollo y crecimiento que permaneciera sola. Todo y todos parecían estar "conspirando" para evitar que pudiera volver a entablar la debida conexión con mis padres. No podía ni siquiera lograr la más básica comunicación con ellos. Encontraba obstáculos en todas direcciones.

Pero en ese entonces ciertamente no contaba con el beneficio de esta maravillosa comprensión de tiempo cósmico y progresión evolutiva. Todo lo que sabía era que mis padres no parecían estar viniendo a socorrerme, y el fin del verano se aproximaba.

Eso significaba que mi trabajo pronto terminaría y que empezaría el año escolar. El propietario del apartamento me informó que para fines de septiembre mi madre y yo teníamos que irnos—y que él seguía esperando que ella viniera a pagar el alquiler.

Había logrado mantener la promesa de la venida de mi madre a pagar el alquiler durante todo el verano, evitando así una evicción.

Descubrí a través de compañeras en el trabajo que había una escuela superior a unas siete millas de distancia. Para poder matricularme, mi madre tenía que registrarme. En vez de tratar de lidiar con ella, le pedí a una compañera de trabajo que me llevara a la escuela y me ayudara a registrarme. ("Lamento mucho que mi madre no pueda estar aquí. No consiguió que le dieran permiso para ausentarse en su trabajo. Pero le pidió a una amiga que viniera conmigo. Me gustaría mucho poder venir a esta escuela..." etc., etc., etc.) Creo que lo más que sorprendió a la mujer encargada del registro fue ver que una joven estaba pidiendo autorización para entrar a la escuela. De todas formas, la sorpresa la ayudó a aceptar mi relato. Entre las tres logramos matricularme. Cuando no sabía la respuesta a alguna pregunta, o si la verdad, particularmente en lo referente a mis padres, podía provocar problemas, simplemente me inventaba alguna respuesta aceptable.

No consideré nunca que estaba mintiendo. Más bien lo veía como un medio de sobrevivencia. De algún modo tenía la convicción interna que era estúpido que una estructura arbitraria y sin sentido fuera un obstáculo para yo hacer lo que tenía que hacer. También, (y no sé de dónde saqué esta idea) temía que si dejaba que alguien en posición de autoridad supiera cuál era mi verdadera situación, me enviarían a algún tipo de reformatorio para jóvenes. Sabía que tenía que continuar pasando desapercibida. No importaba a qué precio, no podía atraer la atención de nadie. Para efectos del resto del mundo yo era una niña normal cuya madre estaba siempre trabajando para mantenernos a ambas.

No fue difícil mantener esa pretensión en la escuela. Mientras los papeles y reportes de notas se firmaran a tiempo y fueran devueltos a la escuela con una firma consistente, nadie hacía preguntas. Además, yo era una estudiante sobresaliente. No tuve nunca problemas de conducta. No había razón para que nadie me prestara mucha atención.

Al fin del verano encontré otro apartamento en un edificio de apartamentos que había sido renovado. La dueña no quería dejar la propiedad vacía durante el invierno. Le pagué un poco del primer alquiler de mis ahorros y le dije que mi madre vendría pronto con el resto. No me creyó. De modo que di rienda suelta a mi campaña publicitaria de cuán tranquila era yo, cuán confiable, limpia y dispuesta a convertirme en el mejor perro guardián de su propiedad. Me dijo que estaba dispuesta a dejarme quedar siempre y cuando no tuviera que hacer conectar la electricidad. En esos momentos la electricidad era la más remota de mis preocupaciones. Fue así como logré conseguir un lugar donde vivir, libre de renta—justo en la playa, mirando hacia el mar.

¡El siguiente problema que tenía que resolver era dinero para el invierno! El motel al lado del que yo estaba trabajando permanecería abierto en el invierno. Durante el verano, me había hecho amiga de la hija adolescente del gerente, y ella convenció a su padre que yo necesitaba un trabajo con desesperación—cualquier trabajo. Al día siguiente que cerró la piscina en la que yo trabajaba me encontré en mi nuevo trabajo en el motel del lado, como operadora telefónica.

¿Es necesario que diga que no tenía ninguna experiencia? Era una de esas viejas terminales telefónicas con cientos de cordones para conectar las llamadas de unas 200 habitaciones, una sala de recepción, varios restaurantes y una cafetería. Pasé la primera semana desconectando y reconectando a todo el mundo en las líneas equivocadas. El hotel estaba lleno con una convención de banqueros, y la mayoría de esos huéspedes pasaron la mayor parte del tiempo borrachos de manera que igual no sabían con quién estaban hablando por teléfono. Gracias a la nube general de vodka que se sentía por todo el motel esa semana, el gerente no recibió una cantidad desproporcionada de quejas mientras yo aprendía mi nuevo trabajo.

Estaba lista para el invierno. La escuela habría de comenzar en dos semanas. Yo contaba con un agradable apartamento y un buen trabajo.

El llegar a una escuela nueva es difícil para cualquiera. Nos sentimos agobiados por una presión interna al enfrentarnos ante nueva gente, nuevas rutinas, nuevos maestros... es un poco así como llegar a un país extranjero, sin mapa.

A pesar de la tensión, esperaba con gran expectativa el momento de regresar a la escuela—cualquier escuela. No me gustaba el tener que ser totalmente responsable de mi vida. Era una labor inmensa. Mis únicas limitaciones o expectativas eran las que yo me auto-imponía. No era cuestión de tratar de hacer "lo correcto". Primero tenía que descubrir qué era lo correcto en cada nueva situación. Me sentía mentalmente agotada todo el tiempo. La escuela me proveía cierta estructura y dirección, y durante siete horas al día lo único que tenía que hacer era responder a las directrices de otros. Después de clases me iba directamente a mi trabajo, hacía mis tareas escolares entre llamadas, y me iba a la casa alrededor de las once de la noche, a dormir.

Entablé muchas amistades, amistades muy buenas—jóvenes de mi misma edad que ya habían trabajado en Ocean City durante varios veranos y eso había hecho que fueran muy maduros a sus edades. Confié en ellos lo que estaba pasándome y todos trataban de encontrar formas para ayudarme. Un par de ellos le comentaron a sus padres sobre mi situación, y recuerdo haber tenido la esperanza que alguien me invitara a vivir con ellos y formar parte de sus familias.

Pero enfrenté dificultades. Mi madre se estaba convirtiendo en una mujer de gran notoriedad en Ocean City. Una vez termina la temporada de verano, la población merma de un cuarto de millón de personas a unas 150—todos propietarios de negocios y el personal que permanecen en el pueblo durante el invierno. De estas 150 personas se forman dos grupos. Uno eran los de buena vida y en constante fiesta que recibían con gran apreciación los encantos de mi madre. El otro era un grupo orientado a la vida tranquila y familiar. Mis amistades provenían de familias que pertenecían al segundo grupo. Pero sabían quién era mi madre y consideraban que involucrase con uno de sus problemas—yo—podía crearles complicaciones.

A estas alturas mi madre estaba dejándole saber a todo el mundo que yo era su hija. Pero como me encontraba en un apartamento seguro, trabajando y yendo a la escuela, sus amistades asumían que ella estaba cuidando de mí. Ninguno sospechó jamás que la situación pudiera ser otra. Esto fue a fines de la década de los 50 y comienzos de los 60, cuando la gente no estaba tan consciente de los problemas de abuso y descuido de niños como es el caso ahora. Yo era muy ingenua, pero también lo eran los adultos que me rodeaban. En ese entonces, todo el mundo asumía automáticamente que las madres cuidaban de sus hijos, sin importar las circunstancias. También, en mi caso, mi madre obviaba cualquier presión externa respondiendo a toda pregunta como si todo hubiera estado muy bien y nuestra vida era tan normal como la de cualquier otra familia en el pueblo. Era su modo de sobrevivir.

El que otras personas supieran que yo era hija de mi madre se convirtió en un honor de doble filo durante el año y medio que permanecí en Ocean City. A veces, cuando necesitaba un trabajo o un lugar donde quedarme y se trataba de alguna de las amistades de mi madre, me ayudaban. La hija de mi madre era también como una hija para ellos. Pero en otras ocasiones era sumamente contraproducente. Sus amigos asumían que la hija era igual que la madre, y trataban de propasarse conmigo. Tuve que invertir gran cantidad de energía convenciéndolos que tenían que regresar a donde mi madre y dejarme tranquila a mí. Esto contribuyó a mi mayor introspección en un intento por ser cada vez más invisible.

Ese primer invierno en Ocean City se convirtió en una verdadera prueba de sobrevivencia.

Un mes después del comienzo de las clases, el pueblo se vio azotado por una terrible tormenta. Fue mi primera experiencia con vientos huracanados y tres días de fuertes lluvias. Muchos de los hoteles y moteles sufrieron serios daños o quedaron totalmente destruidos.

Con un par de amistades trabajé día y noche ayudando a rescatar personas que había quedado atrapadas o sufrido lesiones. Cuando regresé a la casa descubrí que el mar había visitado todo el lugar por lo menos una vez, y todas mis escasas pertenencias estaban esparcidas por la playa. El tocadiscos que yo había puesto en una tablilla alta de un armario, fue lo único que no sufrió daños. Perdí mis enciclopedias y la mayoría de mi ropa, pero encontré los discos y el cuadro. El edificio de apartamentos estaba mojado y lleno de arena, pero no sufrió daños estructurales. La dueña hizo los arreglos necesarios para hacerlo limpiar todo en cuestión de un par de días. También decidió reconectar la electricidad por un corto plazo para ayudar a secar la estructura, lo cual me proveyó con electricidad durante un mes.

El motel donde yo trabajaba no tuvo tanta suerte. Sufrió serios daños y tuvo que cerrar durante el invierno mientras lo reconstruían. Yo me quedé sin trabajo.

Poco después de la tormenta, desperté una mañana y no podía caminar. De nuevo, el dolor en mis piernas era terrible. Asumí que no era más que el efecto retardado por la tensión a la que había sometido todos mis músculos durante la tormenta. Pero al día siguiente el dolor empeoró y comencé a atemorizarme. Una de mis amigas me llevó al hospital.

Permanecí tres días internada mientras me sometían a todo tipo de pruebas—sospechaban que fuera polio. Odiaba estar en el hospital. Me sentía inepta y consideraba que mi vida estaba totalmente fuera de mi control. Entre el personal del hospital se expresó cierta preocupación sobre cómo iba yo a pagar por todos los gastos incurridos. Nadie podía encontrar a mi madre, y los médicos experimentaron las mismas dificultades que yo tratando de superar la barrera de la esposa #2. Afortunadamente, los médicos consideraron que no podían simplemente despacharme a la calle sin antes descubrir qué tenía.

Resultó que sufría de artritis. Podía irme a casa con medicamentos (que ellos me dieron), descansar, y en cuestión de una semana o dos, el dolor debía disminuir y podría reanudar mis actividades normales.

Tal como me habían dicho, mis piernas mejoraron, pero pronto descubrí que el vivir junto al mar no es lo mejor para alguien que sufre de artritis. No decía nada sobre el dolor por temor a que fuera motivo para que me negaran trabajos.

Durante el resto del invierno—que recién comenzaba—tuve que superar una prueba de sobrevivencia tras la otra. Pronto descubrí que debido a los daños causados por la tormenta, no habría trabajo para nadie hasta la primavera. Yo tenía que hacer que mis ahorros, unos $200, me duraran los próximos seis o siete meses.

Esto significaba tener que racionar mis comidas. Calculé que si comía una vez al día de cada tres días, podría sobrevivir hasta la primavera. De lo contrario, se me terminaría el dinero antes de tiempo y entonces no podría comer del todo. No voy a pretender que esto fue fácil. A veces me daba tanta hambre que lloraba. En una oportunidad fue tan terrible que no tuve más remedio que ir donde los vecinos a mendigar un poco de comida. Me dieron una lata de col cortado. (Desde entonces me pongo toda sentimental cuando veo col). Una amiga que tenía uno de los pocos trabajos que todavía habían en el pueblo como camarera en una cafetería, en forma periódica robaba hamburguesas para dármelas. Y de vez en cuando alguna que otra amistad me invitaba a comer en su casa.

A comienzo del invierno, perdí la electricidad y tuve que pasar el resto de la estación haciendo mis tareas escolares en el frío y escribiendo en mis diarios bajo la luz de velas.

En varias ocasiones durante el invierno, mi madre apareció en la puerta del apartamento. Incluso vino a vivir conmigo durante un par de días, pero yo no la animé a que se quedara. Odiaba verla. Odiaba su constante embriaguez—la manera en que se tambaleaba al pasar por una puerta y pegaba contra las paredes, el olor a humo y alcohol que impregnaba su ropa y sus ojos amarillos—especialmente esos ojos amarillos y enrojecidos. Estaba totalmente fuera de control y me daba miedo. Mi existencia la enojaba—contra mí y contra ella misma—y expresaba esa ira viniendo al apartamento a destruir todo a su paso, y entonces se iba.

En la primavera abrió un nuevo establecimiento llamado Frontier Town a unas siete millas del pueblo. Era una réplica de un viejo fuerte de la frontera y todo el personal tenía que vestirse de vaqueros e indios. Los indios resultaron ser verdaderos indios que viajaban por todo el país para trabajar en ese tipo de establecimientos durante los veranos. A mí me contrataron como vaquera a cargo de la tienda de dulces. Varias semanas después de comenzar el trabajo, cambié de posición y me convertí en la cajera del banco.

La mayoría de los jóvenes y hombres que trabajaban ahí vivían en barracas. Había una casa aparte para el "alguacil" que era el gerente del lugar, su esposa (que montaba en el rodeo) y su hijo pequeño. La esposa me invitó a vivir con ellos en su casa cuando se enteró que tenia que dejar el apartamento y no tenía dónde ir. De modo que por lo menos durante el verano, estaba segura.

Frontier Town resultó ser toda una revelación para mí sobre lo que es la realidad. Acababa de sobrevivir un año de lidiar con mi madre, mi padre, apartamentos, comida (o la falta de ella), dinero (o la falta de él), hospitales, frío, oscuridad, tormentas... y ahora estaba viviendo en un fuerte del oeste salvaje, trabajando en un banco, siendo asaltada a cada hora en la media hora, empujando bandidos por la ventana de la parte de atrás del edificio para que pudieran escapar de la justicia, recibiendo disparos en medio de peleas de pistoleros, y en los momentos de tranquilidad, pesando los pequeños recipientes de cristal con diminutos pedazos de bronce proveniente de tornillos molidos que los niños recogían con sus coladores en el arroyo y venían a cambiar por monedas de madera. Todo este mundo de fantasía se convirtió en mi nueva vida. Pero también incluía la realidad de un sofá donde dormir, comida y un sueldo.

Mas no por eso fue un verano sin preocupaciones para mí. Las presiones y consecuencias emocionales del año anterior comenzaron a ser más evidentes a medida que mi sobrevivencia se hacía más llevadera. Era una joven terriblemente nerviosa e insegura en medio de mi nueva familia y amistades. Sentía que todo el mundo me consideraba alguien muy peculiar—y estoy segura que, en muchas formas, lo era. Me aterraba pensar que la gente que me estaba ayudando se cansarían de hacerlo y me abandonarían. De modo que comencé a no responder a otras personas debido a mi temor de actuar indebidamente, o a tratar de hacer cosas que les agradara sólo para terminar sintiendo que lo único que había logrado era importunarlos. Habían veces, cuando experimentaba verdaderas dificultades simplemente arreglándome, que me vestía con mucho descuido y ni siquiera me tomaba la molestia de peinarme.

No vi a mi madre en todo el verano. Un par de veces, traté de ponerme en contacto con mi padre y de nuevo fui rechazada por la esposa #2. En una oportunidad me llamó para decirme que ella y mi padre se iban a divorciar (lo cual no era cierto) y que era mi culpa por ocasionarles tantos problemas. A estas alturas ya estaba harta de la mujer, la interrumpí en medio de una oración y le grité algo equivalente a que se fuera de paseo al infierno. Luego tiré con toda mi fuerza el teléfono y caminé con gran determinación de regreso al banco—sintiéndome sumamente satisfecha.

Se aproximaba el nuevo año escolar. Mi trabajo terminaría al final del verano, y tenía que darme a la tarea de encontrar otro lugar donde vivir en el invierno. Mi sueldo en Frontier Town por mi trabajo de 10 a.m. hasta las 10 p.m., seis días a la semana, era $49 (una vez descontados los impuestos). Después de cubrir todos mis gastos, sólo pude ahorrar $150 para el invierno. Encontré una habitación en un motel cuyo dueño era un amigo de mi madre y calculé que ella le pagaría el alquiler. Yo no le dije lo contrario. El haber estado retirada del pueblo trabajando en Frontier Town me había desvinculado de toda oportunidad de enterarme de posibles trabajos para el invierno, así que me mudé a la habitación y me preparé para la escuela, con la esperanza de que encontraría algo una vez que estuviera viviendo nuevamente en el pueblo.

Durante la primera semana de clases, otra tormenta azotó Ocean City. En esta oportunidad se convirtió en un huracán.

La mayor parte del pueblo fue evacuado, pero mi motel gozaba de reputación de contar con una muy buena construcción, suficiente para aguantar cualquier tormenta. De modo que me quedé. Observé la primera mitad de la tormenta a través de la ventana de cristal en la habitación y luego caminé por el área mientras atravesaba por el pueblo el ojo del huracán. Había salido el sol y dejado de soplar el viento. El aire se sentía seco y todo se encontraba en medio de la más espeluznante calma... Sólo los daños que podía ver a mi alrededor me daban algún indicio de que nos encontrábamos en medio de un desastre. A medida que el viento comenzó a soplar con fuerza nuevamente, regresé a mi habitación para ver la segunda mitad del huracán. En la bahía que podía ver desde mi ventana, observé hundirse un yate de 50 pies.

El motel le hizo justicia a su reputación y no sufrió daños. Pero el resto del pueblo se encontraba en ruinas. Cualquier posibilidad que habría tenido de lograr conseguir un trabajo durante el invierno se fue con los vientos y la lluvia del huracán. (¡De haber sido inteligente me habría ofrecido como aprendiz de construcción y habría tenido trabajo garantizado todo el invierno!)

La probabilidad de pasar otro invierno comiendo una vez de cada tres días me deprimía. El primer año no tenía noción alguna del efecto que tendrían sobre mí esas condiciones. Pero a medida que se aproximaba el segundo invierno, sabía muy bien qué era sentir hambre. Además, la esposa del propietario del motel descubrió que su esposo estaba teniendo una relación amorosa con mi madre y lo estaba presionando a que me echara del motel. Sin dinero, podía considerarme afortunada si lograba conseguir otro lugar sin calefacción ni electricidad.

Agotada y deprimida, sentía una vez más que se caía el mundo sobre mis hombros.

No sé lo que me hizo pensar en ello, pero recordé que uno de mis empleadores en Frontier Town me había mencionado que su hija iba a una muy buena escuela católica en Pennsylvania. Yo no sabía nada sobre escuelas privadas, fueran católicas o de cualquier otro tipo, pero de alguna forma sabía que podía entrar en esa escuela y que allí estaría segura. Llamé al hombre para obtener el nombre y dirección de la escuela, y él se ofreció a llamar para pedir una cita para mí con la encargada de admisiones. Me llamó ese mismo día para decirme que las monjas estaban dispuestas a verme a mí, y a mi madre, la semana entrante. (Lo que no me dijo fue que el proceso de admisiones ya había cerrado para el año y que había tenido que hacer todo tipo de presiones para conseguir que las monjas aceptaran verme).

Me tomó varios días encontrar a mi madre y varios días más convencerla de que fuera conmigo a Pennsylvania. El día de nuestro viaje, llegó borracha, dejándome con la única alternativa de manejar. (En uno de sus poco frecuentes momentos de lucidez y sabiduría, mi madre me había enseñado a manejar un par de años antes del divorcio. Me dijo que sería algo beneficioso para mí en el futuro). Nos dirigimos hacia Pennsylvania, la joven tras el volante y la madre tratando lo mejor que podía, en medio de su embriaguez, de leer el mapa.

No era que a mi madre no le importaba si yo iba o no a la academia. Se emborrachó ese día porque estaba nerviosa por la idea de tenerse que presentar ante un puñado de monjas. Honestamente no estaba tratando de arruinar mi oportunidad. Cierta parte de su ser sabía que yo estaba en problemas y que ella debía de ayudarme. Y de vez en cuando, su deseo de verme feliz y evitar que yo sufriera le subía a la cabeza y actuaba sinceramente preocupada por mi bienestar. Nuestra ida a Pennsylvania fue una de esas ocasiones. Así que para calmarse sus nervios, y armarse de valor para enfrentar a las monjas, se había tomado toda una garrafa de licor.

Justo en el momento en que llegamos al estacionamiento de la academia, mi madre perdió el conocimiento. A estas alturas yo estaba decidida que nada impediría que entrara a la academia. La empujé en el asiento y estacioné el auto de manera tal que nadie pudiera ver que ella estaba allí. Entonces entré para hacer frente a las monjas que nos estaban esperando.

Me inventé otra de mis absurdas historias—algo sobre mi madre enferma que había querido ir ella misma a comprar aspirinas a una farmacia del pueblo y que llegaría en cualquier momento, tan pronto como pudiera. Pero, como yo ya estaba ahí, tal vez podíamos comenzar nuestra entrevista a fin de no perder tiempo esperando por ella. (Mi ex-empleador ya le había hablado a las monjas sobre mi madre y ellas sospechaban lo que estaba sucediendo). Sin mayor demora, dieron inicio a nuestra entrevista.

La escuela parecía ser todo lo que yo podía querer. Por lo menos, todo lo que necesitaba en esos momentos. Me sentí sobrecogida ante la compasión y gentileza de las monjas durante la entrevista. Había leído el libro "The Nun's Story", así que *sabía* que las monjas eran buenas, gentiles, amorosas y dulces... básicamente el tipo de mujer perfecta dedicada al servicio de Dios. Estas damas ante mí estaban probando que mi convicción, adquirida al leer el libro, era acertada.

Cuando me preguntaron quién habría de pagar por mi matrícula (unos $2,500 anuales), les dije que mi padre lo haría. En esos momentos no tenía la más mínima idea cómo lograría que mi padre pagara esa matrícula, pero era algo con lo que tendría que lidiar más tarde.

Me llevaron en una gira por la escuela, me presentaron futuras compañeras de clase, me midieron para hacerme los uniformes y me indicaron que tenía que regresar en dos semanas. No fue hasta que estuve segura que había sido admitida a la academia que me sentí lo suficientemente confiada como para decirle a las monjas que yo no era católica. (¡Lo que no me atreví a decirles fue que era judía!) Con gran alivio las escuché decir que un 25% de las niñas no eran católicas, por lo tanto que eso no era importante. No tenía que asistir a clases de religión, pero sí tenía que ir con el resto del estudiantado a la Misa los domingos.

Mi madre recobró el conocimiento durante nuestro viaje de regreso a Maryland. Estaba furiosa con ella y no le hablé durante el resto del viaje.

En las próximas dos semanas, continué concurriendo a clases en mi vieja escuela y me las arreglé para evitar que me echaran del motel con la promesa solemne de que me iría permanentemente en cuestión de dos semanas. No tenía que preocuparme de empacar mis cosas hasta el último momento. Desde mi llegada a Ocean City mis pertenencias habían disminuido de forma drástica.

Mi madre me prometió que me llevaría a la academia, y alabado sea Dios, llegó lo más sobria que la había visto en mucho tiempo. Juntas salimos rumbo a Pennsylvania.

La academia estaba situada en una pequeña aldea cerca de Hanover, Pennsylvania. Servía de alojamiento para 80 niñas desde primer grado hasta el último de escuela superior. La escuela propiamente tal tenía 100 años, y era administrada por una facción norteamericana de una orden francesa de monjas. También tenían a su cargo la administración de un colegio universitario, exclusivamente para niñas, en Filadelfia que gozaba de gran prestigio por su excelencia académica. Ese recinto universitario era el mayor motivo de orgullo de la orden, y todas las monjas más jóvenes en la academia añoraban ir a enseñar allí. Las monjas de mayor edad que ya habían trabajado en el recinto universitario, se las enviaba a trabajar en la academia a modo de facilitar su gradual retiro.

Había dos viejos edificios de ladrillo en el recinto de la academia. El más pequeño era el dormitorio y salones de clases para las estudiantes de primero a octavo grado. El edificio más grande incluía la capilla, el comedor de las estudiantes y dormitorios separados para cada uno de los grados de escuela superior—más tres pequeñas habitaciones privadas y una sala grande para el uso exclusivo de las jóvenes del último año de escuela superior. Al lado del comedor de las estudiantes había un área para el comedor de las monjas y sus habitaciones privadas. Esa área estaba rodeada de un aire de misterio ya que las monjas eran muy estrictas en sus órdenes que ninguna estudiante podía entrar ahí. (Al comienzo yo estaba convencida que esto se debía a que nosotras, meras mortales, no podíamos ver las monjas cuando estaban comiendo).

Cuando llegué en noviembre de 1961, el dormitorio de las jóvenes del tercer año de escuela superior estaba lleno a capacidad. Me dieron uno de dos cuartos privados que quedaban todavía y me explicaron que mi buena fortuna se debía a que yo no era católica y no querían molestarme cuando las jóvenes en el dormitorio se levantaban temprano durante los días de semana para ir a Misa.

La habitación era pequeña, con techo alto. Tenía una pequeña cama, un tocador con una lámpara, una silla y un armario. También tenía electricidad y calefacción, pero gracias a la ventana, nunca tuve que preocuparme de que el cuarto se fuera a calentar demasiado. Durante las noches frías y con viento, contaba con un recordatorio muy similar de lo que había dejado atrás en Ocean City. En las noches nevadas, me acostaba en la cama a mirar caer los copos de nieve que entraban por los huecos de la ventana cerrada y se acumulaban en pequeñas ráfagas en el marco de la ventana. A pesar de esto, me gustaba mucho mi habitación. Me sentía protegida en medio de mi pequeño nido. No importaban los horrores que ocurrieran en el mundo exterior, yo contaba con la seguridad de mi nido.

La monja a cargo del tercer año de escuela superior era la Hermana Mary Agnes. Era joven, con unas cuantas libras de más, bastante amena y cordial. A las jóvenes de la clase les agradaba mucho estar con ella—lo cual era una buena referencia para la monja. Como era la encargada de nuestra clase, vivía en una pequeña habitación (una celda) justo en el exterior del dormitorio de las jóvenes del tercer año y a unos pasos de distancia del corredor donde me encontraba yo. Su presencia se calculaba que era para mantener en línea nuestro comportamiento.

La Hermana Mary Agnes se encariñó conmigo y en las noches venía a mi habitación a conversar. Mayormente me exhortaba a que yo hablara. Yo apreciaba mucho nuestra amistad, y poco después de haber llegado a la academia, le conté sobre todos los problemas que estaba teniendo con mis padres. Ella me pidió permiso para contárselo a la Madre Superiora y me aseguró que me ayudarían con mi situación. No tenía que preocuparme más, me aseguró—todo lo que yo tenía que hacer era concentrarme en mis estudios. Aliviada, dejé mi problema en sus manos y me concentré en aprender la rutina de la escuela.

Desde el primer domingo que fui a Misa, quedé fascinada con el misterio y flujo de ese ritual. Las campanillas sonaban. Todo el mundo se paraba, se arrodillaban y hacían la genuflexión en forma sincronizada y coreografiada. El cura realizaba su danza frente al altar mientras recitaba plegarias en latín. Las monjas y estudiantes respondían en latín. Vestimenta colorida, velas encendidas, telas finas, oro, cristal... todo lo que se requiere para una verdadera gira de misterio y magia.

Salí de esa mi primera Misa decidida a aprender a seguir el ritual tan fácilmente como el resto de la congregación en la capilla. Para tal, tenía que ir a muchas Misas más. Pero lo que finalmente me motivó a salir de mi cama todas las mañanas a las 4:30 a.m. para asistir a Misa, no tuvo nada que ver con mi bien intencionado deseo de aprender. Fue la Hermana Edward Eileen y su cencerro.

Eddie era la maestra de matemáticas y ciencias en la escuela superior. También tenía a su cargo las jóvenes del primer año de escuela superior y vivía en una "celda" cerca del dormitorio de las jóvenes de primer año, en el mismo corredor que nosotras. Era joven, intensa, seria... y tenía un cierto sentido de perversidad en ella que a menudo la hacía actuar con sadismo hacia las jóvenes estudiantes, especialmente las de grados más avanzados, ya que tendía a proteger a las jóvenes de primer año porque las consideraba las más desventajadas. Pero además tenía un trabajo en los dormitorios. Todas las mañanas, después de la Misa, iba por los dormitorios encendiendo las luces y gritando a la vez que hacía sonar un enorme cencerro: "Benedicamus Domino". A esto las jóvenes respondían "Deo Gratias" y se arrodillaban al pie de sus camas para esperar el comienzo de las oraciones matutinas. (No considero apropiado revelar aquí lo que las jóvenes realmente contestaban entre dientes en respuesta al "Benedicamus Domino" de Eddie). Y como si no fuera suficiente, si alguna de las jóvenes no se levantaba lo suficientemente rápido, Eddie se paraba cerca de ella a hacer sonar el cencerro sobre su cabeza hasta que se arrodillaba sobre el frío piso de linóleo. La única manera en que podía evitar que esa mujer me sometiera a esta ridícula rutina era levantándome temprano para ir a Misa, mostrándole cuando ella llegaba que ya yo estaba vestida, y había dicho mis oraciones.

La Misa diaria era distinta a la Misa del domingo. Primero que nada, llegué a la capilla la primera mañana y descubrí que era la única estudiante presente. Debe haber sido un poco de buenos deseos cuando me dijeron que podía ocupar el cuarto privado así las jóvenes que se levantaban temprano para ir a Misa todo los días no me molestarían. (En mi último año de escuela superior me volvieron a asignar la misma habitación pero me dijeron que era para evitar que molestara a las demás jóvenes cuando *yo* me levantaba para ir a Misa). En segundo lugar, había unas 50 monjas viviendo en el convento, y los domingos se sentaban todas juntas en los últimos bancos de la capilla; las estudiantes ocupaban los bancos delanteros. Durante los días de semana las monjas se sentaban en un patrón dispersándose por toda la capilla. Ese patrón nunca varió en todo el tiempo que yo estuve en la academia. Cuando yo llegué, una de las monjas me dijo dónde sentarme, y yo pasé a formar parte del patrón. También, lo mismo que le tomaba al cura cuarenta minutos decir el domingo, durante los días de la semana lo decía en sólo 17 minutos. Mi estado de total confusión en los domingos se vio aumentado diez veces durante los días de la semana. Pero en unas seis semanas, ya podía seguir el ritual de cualquier Misa sin equivocación alguna.

Poco después de mi llegada, la Hermana Mary Agnes me dijo que mi padre iba a venir a la academia a visitarme. Aparentemente ella se había hecho cargo de mis problemas.

Llegó un viernes en la noche con su esposa #2. Una monja los escoltó hacia la sala privada para visitantes y le pidieron a la Hermana Mary Agnes que fuera a buscarme. Rumbo al encuentro ella me repitió una y otra vez que todos mis problemas habían terminado finalmente, que todo estaba bien.

Al principio sólo él y yo hablamos. Ambos estábamos muy tensos—parecía más un encuentro de negocios entre dos extraños. Me preguntó si me gustaba la escuela, le dije que sí. Me preguntó si las monjas me trataban bien, le dije que sí. ¿Qué tal las clases? Bien. Unos minutos más de este tipo de preguntas y respuestas. Luego silencio. Él rompió el silencio diciendo que cuando todo estuviera listo, a la larga, todavía quería que yo regresara a vivir con él para formar una familia.

Fue entonces que la esposa #2 entró en la conversación. Comenzó a gritar, literalmente a gritar, que sólo sobre su cadáver podría yo regresar a su casa. Me acusó a gritos de ser una embaucadora, una joven consentida que sólo quería destruir su matrimonio. Insistía en que yo era la verdadera causa de todos sus problemas matrimoniales... Su rostro se iba poniendo más y más rojo a medida que seguía gritando. Yo no sabía qué otra cosa hacer que permanecer sentada mirándola. Mi padre trató de calmarla, pero ella lo empujó, diciendo que él dejaba que yo lo controlara. Se levantó, le anunció que lo esperaría en el auto y salió disparada de la sala, tirando la puerta con gran estruendo tras ella.

Mi padre, obviamente confundido, murmuró algo respecto a regresar pronto para concluir nuestra conversación. Entonces se fue. No me dijo adiós, ni me dio un beso, o me preguntó si necesitaba algo. Simplemente se fue.

La Hermana Mary Agnes había estado sentada en la oficina al otro del pasillo, escuchando todo lo que pasaba. Yo estaba todavía sentada en la sala, tratando de entender lo que había sucedido, cuando ella entró. Me dijo que me fuera a mi habitación y que no tenía que preocuparme de nada. Ella y la Madre Superiora se encargarían de mi padre.

Un par de semanas después, regresaron a visitarme. Los encontré en la sala y volvimos a embarcar en la misma rutina. Primero calma y tensión. Pero en cuanto mi padre mencionaba algo respecto a la posibilidad de yo regresar a vivir con ellos, su esposa comenzaba a gritar. En esta oportunidad yo traté de hacerle frente diciéndole a mi padre todos los problemas que había tenido con ella durante el último año y medio. Fue un error. El se tornó en mi contra. No estaba dispuesto a escuchar crítica alguna sobre su esposa—especialmente de una *niña*. Sus ojos azules se fijaron en mí mientras me gritaba, que si no cambiaba de actitud, que si no me comportaba debidamente, no recibiría nada de él.

Mientras esto estaba sucediendo pude ver claramente cómo me dividía en dos. El "yo interno" se había retraído y estaba observando toda la situación como si fuera una extraña, formulando comentarios irreverentes en mi mente sobre todas las cosas absurdas que mi padre estaba gritando. Mi "otro yo" estaba sentado en la sala presa de un total trauma, absorbiendo la violencia que se estaba dirigiendo hacia mí. El "yo interno" sentía que esto no era más que otra experiencia, aunque una un tanto difícil—que, igual que una tormenta, sólo tenía que esperar a que terminara. Mi "otro yo" estaba totalmente aterrorizado.

Mi padre seguía gritando y gritando. Estaba segura de que me iba a pegar. Pero en vez de hacerlo, me gritó que no me tomara la molestia de llamarlo hasta que no decidiera cambiar mi desagradable actitud. (Siempre el problema era mi desagradable actitud).

Esta vez salieron de la sala juntos.

La Hermana Mary Agnes volvió a entrar en la sala. Yo debía regresar a mi habitación y no preocuparme por nada. Ella y la Madre Superiora se encargarían de mi padre.

Se aproximaban rápidamente las vacaciones de Navidad y yo necesitaba ir a algún sitio. Las monjas no me dejaban regresar a Ocean City a menos que no estuvieran seguras de que mi madre estaría allí conmigo. Mi madre no se había puesto en contacto conmigo en todo el tiempo que había estado en la academia, y no habían tenido suerte ubicándola. De modo que decidieron tratar nuevamente con mi padre. Después de todo, yo necesitaba poder ir a algún sitio durante la Navidad.

El tercer encuentro fue casi una réplica exacta del primero y segundo. La calma, la tensión... y la gritería después, con todas las mismas acusaciones. Por último ambos salieron disparados de la sala.

Me senté en la sala durante un largo rato, totalmente aturdida. La Hermana Mary Agnes no entró, de modo que, ya conociendo cuál era la rutina, me dirigí hacia las escaleras para ir a mi habitación. Iba caminando por el corredor junto al dormitorio de las estudiantes de tercer año cuando una compañera de clase se acercó y con gran algarabía me preguntó qué tal me había ido durante la visita de mi padre.

No sé que sucedió. Cuando recobré nuevamente el conocimiento estaba acostada sobre una de las camas del dormitorio. Una de mis compañeras de clase estaba sentada sobre mí, pegándome en la cara. Me percaté de que me estaba pegando duro por la tensión de la fuerza que podía ver en su brazo, pero yo no sentía nada. Podía escucharme a mí misma gritando, pero no podía sentirme gritando. La joven que me había hecho la pregunta original e inocente estaba parada a mi lado tratando de aguantarme los brazos. En circunstancias normales ella tenía una tez muy hermosa, era latinoamericana. Recuerdo haberla mirado desde la cama y haber visto su cara totalmente pálida y aterrorizada. Me impresionó cuán extraña se veía con el rostro tan pálido. Luego vi a la Hermana Mary Agnes entrar corriendo a la habitación. Me pegó un par de bofetadas y me sacudió con toda fuerza de los hombros. Dejé de gritar. Le dijo a las niñas que se quedaran conmigo que ella regresaría enseguida, y salió corriendo del dormitorio. Me dijo luego que había tratado de alcanzar a mi padre antes de que se fuera. (No se había dado cuenta que hacía mucho rato que se había ido). Creo que si lo hubiera podido alcanzar esa noche le habría pegado con toda la furia de la cual era capaz. Novia de Dios o no, estaba decidida a darle su merecido.

Para cuando regresó, yo estaba tranquila y callada, sentada en la cama con todas las demás jóvenes alrededor mirándome, listas a entrar en acción si yo me ponía histérica de nuevo. La Hermana Mary Agnes me dijo que fuera a ducharme y prepararme para ir a la cama. Luego me trajo una tasa de té y me dijo, otra vez, que no me preocupara por nada.

Al día siguiente fui a Misa y a clases como de costumbre. Pero estaba aturdida, callada, y agradecida de poder simplemente transitar sin pensar por la bien definida rutina de la academia.

Después del almuerzo la Hermana Mary Agnes me dijo que había conversado con uno de los sacerdotes de la parroquia sobre mi situación y que él se había ofrecido a hablar conmigo. Me sugirió que pensara sobre eso. No quería presionarme, pero con toda sinceridad consideraba que yo necesitaba ayuda y era posible que ese hombre pudiera ofrecérmela. Si después de hablar con él una vez, quería volver a verlo, ella conseguiría el permiso necesario para que pudiera salir de la academia todas las veces que fuera necesario.

No tenía que pensarlo—sabía que necesitaba ayuda.

Esa tarde caminé tres cuadras hacia la rectoría y conocí al Padre Lahout. Pasamos tres horas juntos. Mayormente yo hablé y él escuchó. Al final de las tres horas, se las había agenciado para hacerme reír. Durante el resto del año escolar, me reuní con el Padre Lahout un promedio de tres veces a la semana.

Ese extraordinario hombre me entregó varios importantes ingredientes que necesitaba en la travesía interna por la que estaba atravesando. En realidad se trataba de una travesía interna, aún cuando en el exterior todo parecía indicar que yo estaba siendo obligada a lidiar con una interminable cadena de distracciones externas. Pero esas distracciones—hay que admitir que eran distracciones de gran importancia—tenían como fin hacerme erradicar viejas expectativas, que en mi caso estaban operando como limitaciones. Ya había pasado un año y medio de constante y concentrado desmoronamiento interno, desplomándome más y más. Fue a través de mi relación con este sacerdote que logré iniciar un proceso de cura y reconstrucción.

El Padre Lahout era un hombre de unos treinta y tantos años, uno de seis hijos—criado por padres inmigrantes. Eran el ejemplo clásico de una familia unida por una mezcla de amor, disciplina y religión. Yo pude beneficiarme mucho de mi relación con el Padre Lahout. Desde el comienzo, demostró gran cariño hacia mí. Para entonces mis instintos se había agudizado y me resultaba mucho más fácil detectar cuando alguien no era honesto. A pesar de que no tenía mucha experiencia con personas como él, igual podía darme cuenta que su amabilidad, honestidad y compasión eran genuinas.

El me *escuchaba*. Gran parte de mi problema hasta entonces había sido la convicción de todo el mundo alrededor mío de que como yo no era más que una niña, sin duda no estaba diciendo la verdad sobre mis padres—por lo tanto, no necesitaba ayuda. Con el Padre Lahout no tenía ese problema.

No quiero dar la impresión que nuestra relación me confirió fortaleza interna de manera inmediata y mágica, así como autoestima y valor. Eso serían pamplinas. Le tomó mucho tiempo vencer mis barreras de defensa—lo que a la larga le permitió proveerme con un ambiente en el cual podía curarme. Fue el *comienzo* de mi proceso de recuperación y fortalecimiento.

El tema de la religión no era uno de gran importancia entre nosotros. No era el tipo que se vanagloriaba de haber logrado convertir a alguien más. De hecho, disfrutaba de mis conocimientos judíos. Pero fuera de la religión, no tuvo nunca reserva alguna haciéndome partícipe de su código personal de valores morales.

Y algo sobre lo que recalcaba con particular énfasis era el mandamiento de "honrar a tu padre y a tu madre". Tenía la plena convicción que mis padres estaban totalmente locos, pero a pesar de eso, eran mis padres y yo tenía que lidiar con ellos. No podía simplemente alejarme y olvidarme de ellos.

Como no tenía la más remota idea de dónde estaba mi madre, mi padre pasó a ser el único en torno al cual podíamos trabajar. El Padre Lahout me exhortó a escribirle cartas explicándole cómo me sentía sola y cuánto añoraba que pudiéramos ser una familia, y reafirmándole que yo lo quería. (Lo cierto es que no pensaba que lo quería. Tal vez, si lo repetía lo suficiente, podría llegar a quererlo...) Escribí cartas muy largas, diciéndole todo lo que sentía. Luego le daba las cartas al Padre Lahout para que las revisara antes de ponerlas en el correo. La idea era cerciorarnos que no escribía algo que fuera estúpido, sin intención, y fuera motivo de una discusión.

Las cartas las devolvían sin abrir, o abiertas y dentro de otro sobre con cartas de la esposa #2 diciéndome que mi padre no deseaba hablar conmigo. Una de las cartas sí le llegó a mi padre. Recibí una nota suya diciéndome que no sabía quién me estaba instando a escribir tales cosas, pero que no estaba impresionado y que yo todavía tenía que cambiar mi desagradable actitud.

Esas respuestas incluso llenaron de ira al Padre Lahout. El comportamiento de la esposa #2 era incomprensible para él y se redujo a un obstáculo ilógico que había que superar. Pero igual no debía dar la espalda a mi padre. Tenía que continuar tratando.

Pasé las vacaciones de Navidad con una de mis compañeras de clase y me estaba preparando para hacer algo similar durante la Pascua Florida, cuando súbitamente la Hermana Mary Agnes recibió noticias que mi padre quería que pasara las vacaciones con él en Baltimore. A pesar de que el Padre Lahout lo consideró una oportunidad para romper el hielo entre nosotros, no era un hombre estúpido. Presintió que debía prepararme una salida, en caso de que algo dramático ocurriera durante mi estadía en Baltimore.

Descubrió que el apartamento de mi padre estaba en la calle opuesta a la Universidad de Loyola. Me dio una carta y me dijo que si necesitaba ayuda en Baltimore, sólo tenía que cruzar la calle, ir a la universidad, preguntar por ese cura (un amigo suyo) y que le entregara la carta.

Llegué a Baltimore y descubrí que mi padre estaba ausente en uno de sus viajes de negocios y que no regresaría hasta dos días después. La idea de estar sola con su esposa me petrificaba. Pero me trató bien, a veces incluso con cordialidad y gentileza. Me relajé un poco, ella también, y sin darnos cuenta estábamos disfrutando de nuestra compañía.

Durante la segunda noche que pasamos juntas me confió cuán difícil resultaba para ella el matrimonio, cuán duro era vivir con mi padre. Me senté a escucharla hasta las 2:00 a.m. Me dijo cosas muy crueles sobre él. En vista de mis propias experiencias sentí compasión por ella. También me dijo que era él quien no quería que yo fuera a vivir con ellos, no ella, y que ella estaba tratando de convencerlo que me dejara pasar el verano en la casa. Podría tener mi propio cuarto, y sería divertido decorarlo entre las dos, etc., etc....

Al día siguiente mi padre regresó. Era jueves y yo había ido a la catedral para ver mi primera Misa de Jueves Santo. Para cuando regresé, la atmósfera en el apartamento había cambiado de manera dramática. Entré a la sala después de saludar a todos. Mi padre me siguió, tirando la puerta. Estaba furioso—totalmente furioso. No me tomó mucho tiempo darme cuenta que su ira se debía a que la esposa #2 le había repetido toda nuestra conversación de la noche anterior, pero en vez de decirle lo que ella me había dicho, le dijo que yo había confiado en ella todas esas cosas.

Creo que de no haber sido un delito, me habría matado. En vez de eso, me echó del apartamento. Me dijo que no le importaba dónde iba o cómo llegaba a donde fuera; simplemente tenía que irme tan pronto como empacara todas mis pertenencias.

Un estudiante abrió la puerta en Loyola. Le pedí ver al hombre cuyo nombre aparecía en el sobre que me había entregado el Padre Lahout. Unos quince minutos más tarde entró un cura con una expresión de perplejidad y se presentó. Abrí mi boca para comenzar a explicarle por qué me encontraba allí y en vez de palabras me salió un sollozo y comencé a llorar. De modo que me limité a entregarle la carta y continuar llorando mientras él la leía. Aparentemente el Padre Lahout había explicado con todo lujo de detalles cuál era mi situación. Después de leer la carta, el cura se hizo cargo de todo.

El primer problema era encontrar un lugar donde pudiera pasar el resto de las vacaciones. Yo tenía una lista de los nombres y direcciones de varias de mis compañeras de clase, y las llamó hasta que encontró una familia que estaba dispuesta a recibirme. Luego averiguó las conexiones de los autobuses, me dio dinero para el pasaje y el viaje, y en cuestión de unas dos horas, me estaba despidiendo en la estación de autobuses.

Llegué a Dover, Delaware tarde en la noche. Recuerdo la ironía al llegar a la puerta principal de la casa de mi compañera de clases y escuchar todo un conjunto de campanillas entonar la melodía "Bendito sea este hogar" cuando toqué el timbre. El cura los había llamado después que yo abordé el autobús para dejarles saber la hora exacta de mi llegada y la condición en la que podía encontrarme a raíz de los acontecimientos en Baltimore. Para cuando llegué a Dover, mi compañera de clase, su hermana y madre me recibieron con los brazos abiertos y con gran compasión.

La opción de visitar a mi padre en su casa ya no era una viable—ni siquiera para el Padre Lahout. Aceptó que el hombre era imposible—y su esposa aún más—y lo mejor que yo podía hacer era obviar cualquier otra oportunidad en que pudiera herirme. Pero eso no significaba para el Padre Lahout que yo podía emocionalmente darle la espalda a mi padre. Algún día la situación cambiaría.

Durante el resto del año escolar continué visitando al Padre

Lahout tres veces a la semana. Nos sentábamos a tomar helados, a conversar sobre cosas descabelladas que sucedían en la academia, los problemas que enfrentaban las monjas con algunas de las jóvenes, los problemas que enfrentaban las jóvenes con algunas de las monjas, su familia, sus días como seminarista, la historia de los idiomas (su pasatiempo), sobrevivencia (mi pasatiempo), y mis sentimientos hacia mis padres y lo que me estaba sucediendo. De él comencé a entender que era posible gozar de un sentido de calma interna, estabilidad interna, incluso paz, sin importar cuán caótico fuera el medio ambiente en que me encontraba.

Algo que sucedió al final de mi tercer año de escuela superior habría de alterar en forma significativa el curso de mi último año de estudios de escuela superior.

Era la costumbre que la clase graduanda nominar a candidatas para la presidencia del Consejo Estudiantil del próximo año. (La política interna de lo que sucedió fue sumamente compleja, pero trataré de explicar). Había una joven en mi clase que las monjas habían estado preparando para esta prestigiosa posición desde su primer año de escuela superior. La piedra angular de esta preferencia era que su padre había donado los muebles de todo un dormitorio cuando ella entró al primer año de escuela superior, y fue ese extravagante acto lo que la elevó en el corazón y mente de las monjas desde muy temprano en su experiencia escolar. Era una candidata particularmente acertada para la posición— hermosa, de buena conducta, con notas excelentes y una voz exquisitamente educada que le garantizaba las más destacadas actuaciones en el coro de la academia... era la modelo perfecta que las monjas querían como representante de la academia. Lo que no sabían las monjas era que era sumamente deshonesta, tomaba ginebra que guardaba en su botella de champú, estaba involucrada emocional y sexualmente con varios chicos y odiaba la academia, las monjas y la iglesia católica. La clase graduanda sabía todo esto y se pusieron de acuerdo para evitar que fuera nominada.

El resto de la tradición de esta entrega de poder era que todo el estudiantado de la escuela superior tenía que votar por las nominadas en la misma asamblea, inmediatamente después de las nominaciones. No había lugar para realizar campañas procelitistas—nada de afiches, promesas o discursos.

De la conspiración de las jóvenes de la clase graduanda surgieron sólo tres nominaciones—que no incluían a esa chica que las monjas querían, y sí me incluía a mí. Más tarde me enteré que las jóvenes del cuarto año habían arreglado la elección con las de segundo año, asegurando así mi victoria. Pero como yo no sabía nada de esto, estaba sumamente sorprendida por el curso de los acontecimientos.

La monja encargada de las jóvenes del cuarto año, la Hermana Virgo Regina, era también la encargada del Consejo Estudiantil. Ella, particularmente, había estado añorando el día en que esta joven se convirtiera en la Presidenta. Estaba segura que juntas formarían un buen equipo. En vez de eso, ahora se enfrentaba ante la posibilidad de tener que lidiar con una entrometida. No aceptó lo que estaba pasando en las elecciones con mucha gracia. Se levantó durante mi discurso de aceptación y me dijo que me sentara, luego anunció que a partir del año entrante, nadie podía ser nominada para la presidencia del Consejo Estudiantil a menos que hubiera sido estudiante en la academia por lo menos durante dos años antes de la nominación. Me había claramente dado un indicio de lo que podía esperar de ella durante mi último año de escuela superior.

Justo cuando estaba a punto de verme presa del pánico respecto a dónde iría a pasar el verano, mi madre apareció. De nuevo, su gran tino para obrar en el momento más acertado. Estaba viviendo en Riverdale, Maryland y tenía un nuevo apartamento lista para recibirme. Como no contaba con ninguna otra oferta, tenía que ir a Riverdale.

Dos semanas antes de terminar el año escolar, la Madre Superiora me llamó a su oficina. Aparentemente mi padre no había pagado mi matrícula, y si el problema no podía resolverse antes de terminar el año escolar, no podría regresar al año siguiente. Quería que le hablara al abogado de la academia sobre mi situación. Tal vez a él se le ocurriría alguna solución.

El resultado de mi reunión con el abogado fue una carta—enviada a mi padre a mi nombre, amenazándolo que lo demandaría por incumplimiento de manutención de un menor. (Habíamos descubierto que a raíz del divorcio el tribunal le había conferido mi custodia). En cuestión de un par de días, el abogado recibió un cheque por el total de la matrícula. La Madre Superiora me dio las buenas noticias y me dijo que ahora estaba oficialmente promovida del tercer al cuarto año de escuela superior y que estaba aceptada para regresar al año siguiente.

El día después de la graduación de las jóvenes del cuarto año, empaqué mis cosas y, con mi maleta, cuadro y tocadiscos en mano, me dirigí hacia Riverdale, Maryland, un suburbio de Washington, D.C.

Si digo que no estaba precisamente ansiosa ante la posibilidad de pasar el verano con mi madre sería menoscabar mis verdaderos sentimientos. Le tenía miedo a la mujer y a su bebida. Debido a mis experiencias en Ocean City, no me preocupaba tanto por la eventualidad de tener que proveer mi propia comida y alojamiento. Asumí que podría conseguir un trabajo que me mantendría alimentada durante el verano, y tal vez, con algo de suerte, incluso cubrir algunos de mis gastos durante el cuarto año de escuela superior. Ninguno de mis padres me daba dinero para mis gastos escolares, y a pesar de que todavía me quedaban $30 de los $75 que tenía cuando llegué a la academia, estaba segura que no sería suficiente para cubrir lo que tendría que pagar durante el último año escolar.

Una amiga de mi madre me fue a recibir en la estación del autobús. Durante el curso de nuestra conversación rumbo a encontrar a mi madre en su nuevo lugar de empleo, me enteré que le había estado diciendo a todo el mundo que estaba en constante comunicación conmigo en la academia, que quería visitarme pero yo me había negado a recibirla, que me había enviado dinero y regalos pero yo nunca le había escrito o la había contactado para, ni siquiera, darle las gracias... En definitiva, mi madre había creado toda una fantasía sobre su relación conmigo, y pronto descubrí que todo el mundo le había creído su historia. Para cuando yo llegué, todas las amistades de mi madre me consideraban como la más terrible e ingrata de las hijas que se estaba aprovechando de la bondad de una pobre mujer que trabajaba tan duro para poder proveer una vida decente para las dos.

Mi madre se había mudado a Riverdale para comenzar una vida nueva. No sé por qué había escogido Riverdale. Alquiló un simpático apartamento de una habitación, compró un auto (a través de un arreglo con una de sus amistades) y tenía un trabajo nuevo—dispensando tragos en un bar.

Su trabajo en las noches me dejaba sola en el apartamento desde temprano en la tarde—le gustaba ir temprano al bar para ayudar a preparar todo (eso decía)—hasta las tres o cuatro de la madrugada cuando entraba tambaleándose, totalmente borracha. Caía sobre la cama y dormía hasta la mañana siguiente en que comenzaba la misma rutina otra vez. Excepto por dos o tres horas a media mañana, yo no tenía que lidiar con ella en forma directa.

Un par de semanas después de mi llegada, ella dejó de venir al apartamento, pasaban semanas y no venía. Resolví mi problema alimenticio sacando $20 de su cartera cada vez que aparecía. Hacía que eso me durara durante unas tres semanas, si era necesario, comiendo cereal de afrecho con pasas y fideos. Descubrí que podía sacar dos buenas comidas de una libra de fideos (16 centavos) con una lata de sopa de tomate (8 centavos)—no era precisamente una dieta muy nutritiva, pero sí me dejaba satisfecha.

Riverdale era una comunidad suburbana, no un lugar de veraneo, y aunque había algunos trabajos adicionales durante el verano, ya estaban todos tomados para yo cuando llegué a mediados de junio. Así que tuve que contentarme con quedarme en el apartamento.

Desarrollé un ritmo de existencia diaria leyendo, escribiendo, limpiando, y mirando televisión—un ritmo muy agradable que sólo se veía alterado cuando mi madre aparecía en escena. Generaba un torbellino de actividad. Me gritaba, tiraba puertas y gabinetes—era un milagro que no se salieran todos de sus bisagras—ensuciaba todo lo que podía, repartía ropa sucia por todas partes, se cambiaba de ropa, y se iba otra vez.

La tensión de no saber nunca cuándo iba a explotar mi madre me agobiaba. Pronto descubrí que no podía comer sin sentir que iba a vomitar en cualquier momento. Había un médico en el área y fui a verlo (cargando a la cuenta a mi madre). El me informó que sufría de colon espástico—la úlcera de los pobres. Lo primero que me preguntó fue si alguno de mis padres tenía problemas de alcoholismo. Me recetó unas píldoras y me mandó de vuelta a casa con el consejo que tenía que aprender a relajarme.

El colon espástico resultó ser una bendición. Mi vida se había tornado tan intensa para ese entonces que estaba experimentando dificultad en saber cuándo estaba emocionalmente dolida. Para poder sobrevivir, había aislado muchas de mis emociones de mi situación. Si algo me asustaba, no importaba, igual tenía que hacerle frente, y no tenía tiempo que perder sintiendo miedo. El colon espástico se activaba cuando yo alcanzaba cierto grado de tensión y por eso evitaba que emocionalmente me cerrara, obligándome a prestar atención a las cosas que estaban hiriéndome.

A fines de julio decidí convertirme al catolicismo—una decisión súbita.

Encontré dónde estaba la rectoría más cercana y me presenté al cura para pedirle instrucciones de lo que tenía que hacer. En el proceso de tratar de descubrir quién yo era y de dónde venía, el cura comenzó a sospechar que me encontraba en una situación poco usual. Le dije por qué estaba en Riverdale, le hablé de mi madre y sobre su problema con la bebida. Inmediatamente captó lo del problema con la bebida y me sugirió que tal vez mi madre era una alcohólica (la primera vez que escuché el término usado en relación con mi madre) y me dijo que conocía gente que podían ayudarme. ¿Me molestaría si él enviaba a alguien a conversar conmigo?

Una mujer se presentó en la puerta del apartamento esa misma noche explicándome que era la esposa de un alcohólico y que pertenecía a un grupo llamado Al-Anón, una división de Alcohólicos Anónimos. También me explicó que había otra división de Alcohólicos Anónimos que se llamaba Alateen, para los hijos adolescentes de alcohólicos, y que ella consideraba que podían ayudarme mucho. Los jóvenes estaban reunidos esa noche y ella estaba dispuesta a llevarme a la reunión y traerme de regreso al apartamento. A medida que me hablaba podía sentir la compasión y comprensión de esta mujer por todo lo que yo estaba sufriendo con mi madre.

Esa noche fui a mi primera reunión de Alateen.

Había unos 25 jóvenes en la reunión que inmediatamente me acogieron. Su primordial preocupación fue con mi situación inmediata y si tenía alguna necesidad—comida, ropa, un lugar diferente donde vivir, o protección. Decidimos que mis más apremiantes necesidades en esos momentos eran comida y compañerismo. De modo que durante las próximas siete semanas, hasta que regresé a la academia, recibí frecuentes visitas, y todos los que visitaban traían comida. Me incluyeron en las actividades del grupo, me llevaban al cine, y por supuesto, alguien siempre me llevaba en auto a las reuniones.

Mi auspiciante adulto, que se había mantenido sobrio durante 12 años, fue al bar donde trabajaba mi madre, y después de terminar varios refrescos observándola, concluyó que en efecto mi madre era una alcohólica.

Para mí fue un alivio saber que mi madre no era una simple borracha, sino una alcohólica. Mis sesiones en Alateen me estaban enseñando rápidamente cuál era la diferencia. Aprendí que se trata de una enfermedad—y cómo afecta al bebedor. El comportamiento impredecible de mi madre se tornó sumamente predecible. Leí libros y panfletos en los que se hablaba del alcoholismo como una enfermedad y descubrí que el comportamiento de mi madre era igual que lo que describían como los síntomas y patrones reconocidos.

De los jóvenes aprendí que lo que sentía hacia ella, que cualquier joven respetable consideraría que eran sentimientos vergonzosos, eran naturales y compartidos con todos los demás integrantes del grupo. Los sentimientos de ira, vergüenza, disgusto, odio, miedo—dadas las circunstancias, eran aceptables y razonables.

Mientras más aprendía sobre el comportamiento de un alcohólico y mis propios errores reaccionando a ese comportamiento, más lograba protegerme y estabilizarme. Estaba aprendiendo a mantenerme emocionalmente desvinculada de la vida de mi madre cuando llegaba tambaleándose a tratar de alterarme.

No era algo fácil para ninguno de nosotros. Todos estábamos sumamente heridos. Un par de jóvenes tenía tanto miedo de ser ellos también alcohólicos que comenzaron a beber para probar que no eran, terminaron metiéndose en problemas y tuvieron que ir a las reuniones para alcohólicos adultos. Una joven de 13 años siempre venía a las reuniones pero nunca hablaba. Al principio todos pensamos que era tímida. A la larga descubrimos, cuando finalmente comenzó a hablar, que lo que la mantenía en silencio era que estaba totalmente aterrorizada. Su padre alcohólico la violaba cada vez que se emborrachaba. Inmediatamente encontraron otro lugar para ella vivir.

Era un grupo de ayuda y apoyo muy cerrado y cualquiera de nosotros estaba listo a entrar en acción para ayudar a otro si teníamos alguna sospecha de que algo no andaba bien. Por fin había encontrado amistades que entendían lo que yo estaba viviendo. Antes no había hecho mas que esforzarme por explicar mi situación a jóvenes provenientes de familias estables que simplemente no entendían lo que yo les decía. No podían computarlo dentro de su marco de referencia de lo que era la realidad. Con los jóvenes de Alateen, todos nuestros problemas eran muy similares. No se sorprendían ni espantaban si los llamaba para decirles que mi madre acababa de destruir todo el apartamento y había caído inconsciente en la bañera. Venían enseguida a ayudarme a sacar el agua de la bañera para que la señora no se ahogara y luego me llevaban a sus casas a pasar la noche con ellos. Incluso me ayudaban a limpiar el desastre creado por mi madre cuando me traían de regreso al apartamento.

Sólo contaba con unas cuantas semanas para aprender todo lo que pudiera antes de regresar a la academia. Durante ese período organizamos y auspiciamos la primera conferencia de la costa oriental de Alateen. Contamos con la presencia de más de 100 adolescentes, desde Boston a Carolina del Norte, y pasamos tres días conversando sobre lo que conlleva vivir con un alcohólico y problemas al establecer los grupos de Alateen. La conferencia fue tan exitosa que se convirtió en un evento anual auspiciado por un grupo diferente cada año.

A través de Alateen, comencé a identificar y ordenar mis propias emociones, y a desarrollar un sentido de poder interno que me permitiría ir por la vida, no como una víctima constantemente reaccionando a las acciones destructivas de otros, sino como una persona creativa que sigue el curso de su vida *a pesar* de las acciones de otros a su alrededor. Estaba aprendiendo que el centro de poder que motivaba mi vida no existía fuera de mí, ni era tampoco un poder que poseía nadie alrededor mío. Era algo interno en mí, cuya potencia nadie podía disminuir a menos que yo lo permitiera.

A mediados de septiembre, regresé a la academia con mi auspiciador y un auto lleno de jóvenes del grupo Alateen. Las monjas fueron condescendientes mientras yo les mostraba la escuela a mis amigos, hasta que descubrieron de dónde venían. Las monjas no veían con buenos ojos mis relaciones con personas de mal vivir—y cualquier cosa relacionada con un montón de alcohólicos no podía ser otra cosa que eso.

Mi último año de escuela superior fue igual que un episodio sacado del libro "One Flew Over the Cuckoo's Nest". No tengo idea que pasó durante el verano, pero para cuando comenzó el año escolar, todas las monjas asociadas con la escuela superior estaban operando con una ración particularmente alta de tuercas sueltas. Para empeorar aún más las cosas, la Hermana Mary Agnes fue transferida durante el verano a otra escuela. Había perdido mi gran amiga y aliada.

La Hermana Virgo Regina continuaba iracunda conmigo por haber sido electa Presidenta del Consejo Estudiantil y rápidamente estableció su patrón de venganza contra mí. Lamentablemente, no sólo era la encargada del Consejo Estudiantil, sino también del cuarto año de escuela superior. Era nuestra maestra principal y la nueva residente en el corredor del dormitorio de nuestra clase. Apenas si podíamos pasar una hora sin tenerla encima, no teníamos manera de escaparnos de ella.

Desde la primera semana, Virgo comenzó a hacerme la guerra. Me hacía entrega de listas de tareas que tenía que desempeñar como Presidenta del Consejo Estudiantil—cosas absurdas, tales como revisar los dormitorios después del timbre final en la mañana para asegurarme que no había nadie escondiéndose, y luego cambiaba su posición de modo que parecía como si yo estuviera rompiendo las mismas reglas que estaba supuesta a estar haciendo cumplir. Llegaba 5 minutos tarde al salón de clase y comenzaba a recitar toda una letanía sobre el pobre ejemplo yo daba al resto de las estudiantes. Toda la escuela superior podía escucharla gritándome. La mujer realmente estaba resentida contra mí y no había nada que yo pudiera hacer para que cambiara de manera de sentir y pensar.

Una mañana después de una escena particularmente extravagante y ruidosa en que Virgo me estaba gritando y salió disparada del salón de clase, mis compañeras se reunieron para conversar sobre lo que estaba ocurriendo. Estuvieron de acuerdo que el comportamiento de Virgo conmigo era sumamente injusto y decidieron que me protegerían avisándome cuando la vieran en acción. Durante el resto del año recibí advertencias constantes cuando Virgo "se estaba preparando otra vez"—lo cual la enloquecía aún más porque no podía entender cómo yo me las arreglaba para obviar sus trampas.

No había nada que yo pudiera hacer a nivel personal en contra de Virgo. Existía una regla en la academia que prohibía a cualquier estudiante formular comentarios negativos o quejarse de una monja ante otro estudiante o monja. Si alguien tenía alguna queja, tenía que ir donde la monja en cuestión directamente. Además, Virgo era una monja con poder. Estaba en segundo lugar, justo después de la Madre Superiora. No sé si había sido electa a esa posición o si la había alcanzado debido a su edad (que se aproximaba rápidamente a niveles de antigüedad) o por los años que llevaba como maestra. No obstante, contaba con una posición que le confería gran respeto por parte de las demás monjas.

El hecho que yo tenía que trabajar con ella en el Consejo Estudiantil no aliviaba las cosas. Llegué a mi año en la presidencia pensando que este Consejo Estudiantil, igual que la mayoría de los consejos estudiantiles en las demás escuelas, era el representante del estudiantado ante el personal docente. Pero en realidad resultó que este Consejo Estudiantil era el representante del personal docente ante el estudiantado. Se esperaba que nosotras realizáramos gran parte del trabajo desagradable que las monjas no querían hacer, especialmente en lo concerniente a la disciplina de las estudiantes. El enfoque principal del Consejo Estudiantil giraba en torno a reglas y castigos—*muchos* castigos.

Las reglas eran ridículas. Por ejemplo: no hablar en las escaleras o en los corredores; no se podía hacer la burla de las monjas—y esto se hacía cumplir a discreción de la monjas; si dos estudiantes llegaban a la misma vez ante una puerta, la más joven tenía que abrir la puerta para la mayor; *todas* las estudiantes tenían que abrir puertas para cualquier monja; los uniformes de todas las niñas tenían que tocar el piso cuando se arrodillaban, Si alguna llevaba el uniforme muy corto, había que descoserle el ruedo y someterla a un castigo durante varios días...

No éramos realmente un Consejo Estudiantil—sino la Gestapo de las monjas. Cada vez que yo sugería algo para que el Consejo Estudiantil se enfocara más en los intereses de las estudiantes, Virgo me acusaba de ser demasiado nueva en la academia y no entender o respetar sus tradiciones.

También era mi responsabilidad (como Presidenta del Consejo Estudiantil) velar por la moral de todas las jóvenes en la escuela superior. Si una joven quedaba embarazada—lo cual sucedió dos veces ese año—yo tenía que ir donde la Madre Superiora a explicarle cómo y por qué había sucedido. Luego tenía que convencerla que había sido imposible para mí evitar el indeseado acontecimiento. También era responsable de los hábitos de fumar y beber de las jóvenes—hábitos que jóvenes damas católicas y refinadas no estaban supuestas a tener. Como no me tomó mucho tiempo darme cuenta que me iba a resultar imposible hacer que la mayoría de mis compañeras de clase se comportaran debidamente durante todo su último año escolar, decidí que lo mejor que podía hacer era esforzarme por evitar que las monjas se enteraran de las pequeñas indiscreciones de las jóvenes. Excepto cuando quedaban embarazadas, eso no encontré la forma de esconderlo.

Requirió de hasta la última onza de creatividad de mí parte el cubrir las andanzas de mis compañeras durante todo un año. Regresábamos a la academia después de habernos llevado en autobús a un baile y la mitad de las jóvenes venían totalmente embriagadas. Mi tarea era mantener a las monjas que nos estaban esperando en el portón lo suficientemente ocupadas como para poder cargar a las borrachas al dormitorio sin que se dieran cuenta. Me paraba como una perfecta idiota a contarles todo lo *maravilloso* que había sucedido en el baile y cuánto nos habíamos divertido, cuán fantástica había sido la música y qué bien bailaban los chicos... y más y más, hasta que terminaban de arrastrar a la última joven.

Logré mantener en secreto estas frecuentes sesiones de embriaguez hasta sólo dos días antes de la graduación. El cura de la otra escuela descubrió las actividades que tenían lugar en los bailes a través de uno de los jóvenes—aparentemente lo encontraron borracho en su dormitorio y decidió salvar su pellejo revelando los pecados de todos los demás. Telefonearon a Virgo, y comenzó a hervir el infierno en toda la academia. Después de una infinidad de conversaciones entre Virgo y la Madre Superiora, se decidió que por el bien de los padres, no se cancelarían las actividades de graduación.

Pero resultó que Virgo no fue la única monja tocada de la cabeza ese año. Había una llamada Charlie, cuya locura era mucho más simpática que destructiva. Era la maestra de religión, latín e inglés del segundo año de escuela superior—y al cuarto año enseñaba mecanografía. El rumor sobre ella era que se había desempeñado como secretaria legal antes de entrar al convento. Nosotras hicimos los rumores más interesantes añadiendo sugerencias de que Charlie había llevado a su jefe a tal desesperación que la había obligado a entrar al convento para poder sacarla de su vida.

El hablar con ella era igual que entrar a otra dimensión de tiempo y encontrarse participando en una rutina entre George Burns y Gracie Allen. Una noche de invierno yo estaba tratando de convencerla que necesitaba otra colcha. Era una noche cruda—estaba nevando y soplaban fuertes vientos. La llevé a mi habitación y le mostré la nieve que se estaba acumulando en el *interior* de mi ventana. Le dije: "Ve. Hace mucho *frío* aquí". Ella me miró con toda seriedad y respondió: "Claro que hay nieve en tu ventana, está nevando". Y se fue.

Por otro lado la locura de Eddie Eileen era destructiva al máximo y se especializaba en operar contra toda la clase graduanda. Odiaba el hecho que sus protegidas del primer año de escuela superior tenían que mostrar respeto a las demás estudiantes mayores, especialmente las de cuarto año. Ella había llegado a la cabal conclusión que todas nosotras no servíamos para nada bueno y ninguna merecía el respeto de nadie—incluyendo las estudiantes de primer año. Así que inició su propia campaña contra nosotras. Por supuesto que continuaba con su rutina del cencerro en los dormitorios por la mañana—especialmente en el dormitorio de las jóvenes de cuarto año. (Yo continuaba levantándome temprano para asistir a la Misa). La encontramos gran cantidad de veces esperando ante una puerta cerrada hasta que pasara una joven de cuarto año, para que tuviéramos que abrirla. En una oportunidad las niñas se vengaron sacando el panel de la tubería de agua en la parte de afuera del baño de las monjas y pegando con un martillo en la parte inferior de la bañera, logrando así asustar a la infeliz mujer de tal manera que terminó de perder la poca cordura que le quedaba. Para cuando logró recuperarse, vestirse y salir corriendo del baño, ya las niñas habían puesto de vuelta el panel y regresado a sus dormitorios. Claro está que nadie sabía nada sobre el incidente sobre el cual ella estaba gritando.

A medida que avanzaba el primer semestre, Eddie iba tornándose progresivamente más extraña. Ella enseñaba trigonometría al cuarto año y una mañana tres de las jóvenes llegaron a clase sin haber preparado sus tareas. Eddie anunció que no iba a perder su valioso tiempo enseñando a un montón de ingratas indisciplinadas y se fue de la clase, no regresó en todo el año. Nosotras necesitábamos saber trigonometría para poder graduarnos, de modo que le pedimos a Virgo que intercediera con Eddie a nombre nuestro, pero ella decidió que no interferiría con la decisión de la buena hermana. Así que tuvimos que hacernos cargo de nuestra propia clase y pasar el resto del año enseñándonos nosotras mismas trigonometría. (Todas recibimos notas por encima de C en el examen del estado).

A medida que aumentaba la presión, Eddie comenzó a desquitarse también con las jóvenes de segundo y tercer año, especialmente en los dormitorios. Presionaba a las jóvenes en las mañanas—les gritaba, las corregía con sarcasmos por las cosas más insignificantes, constantemente las acosaba. Una mañana dirigió sus ataques contra una joven de tercer año, la más callada y tranquila de todas. Durante un par de semanas la monja venía acosándola y esa mañana la joven explotó y comenzó a pegarle a Eddie por la cabeza con un cinturón. Las otras jóvenes vinieron gritando en mi busca. Cuando llegué la monja estaba sangrando por la boca y todavía estaba recibiendo la paliza. La regla de la academia en una situación así es que las estudiantes tienen que ir en busca de otra monja inmediatamente y no intervenir. Yo decidí acatar la regla a la perfección y *caminé* tres pisos de escaleras, a lo largo de un enorme pasillo, y a través del comedor de las estudiantes hasta la puerta cerrada del convento. Respiré profundo, me lancé corriendo por las puertas respirando con dificultad, como si acabara de correr un maratón de tres millas, y comencé a gritar pidiendo ayuda. Para cuando regresé con todo un pelotón de monjas, la joven había logrado pegarle lo suficiente como para hacerla recobrar algo de cordura. La monja estaba sangrando por varios lugares en su rostro, pero fuera de eso no había recibido lesiones serias. La cantidad de ropa del hábito había contribuido a suavizar los azotes de la joven.

Por supuesto que echaron a la joven de la academia, inmediatamente. Cuando nos despedimos de ella esa mañana, estaba sonriendo—nosotras también.

Por alguna razón, a pesar de toda la locura que reinaba, decidí pedir instrucciones otra vez para convertirme al catolicismo. Sentía en mi interior que la Iglesia contenía una verdad que yo necesitaba descubrir. Desafortunadamente no podía ir donde el Padre Lahout. Un mes después de mi regreso a la academia, fue transferido a otra parroquia bastante distante de la academia. (Me perturbó mucho su ida. No estaba segura si iba a lograr sobrevivir el año sin él. Había aprendido a confiar totalmente en él).

El cura en la rectoría que decidió darme las instrucciones era un amigo del Padre Lahout y sabía sobre la estrecha relación que habíamos entablado. También tenía muy poca paciencia con el régimen de las monjas y decidió que me convenía salir de la academia más a menudo de lo que se requería para una lección semanal. De modo que durante una de mis visitas todas las semanas hablábamos sobre religión, las otras dos visitas las pasábamos hablando sobre cualquier otra cosa—o íbamos a tomar helado o jugar baloncesto.

Mi padre y su esposa #2 entraron nuevamente en escena. Virgo había decidido que no se me permitiría regresar a Riverdale durante las vacaciones si eso significaba que continuaría relacionándome con mis amistades de Alateen. Era implacable en su determinación que las jóvenes damas de la academia no debían asociarse con elementos indeseables, eso incluía alcohólicos, o sus hijos. Así que se puso en contacto con mi padre y le sugirió que me llevara a su casa durante los períodos de vacaciones. Eso dio inicio a otra oleada de cartas de la esposa #2, así como visitas de los dos a la academia, para poder decirme constantemente que yo era un gran desastre.

No salí de la academia ese año durante los períodos de vacaciones. Los pasé todos con las monjas—quienes, en general, resentían la situación ya que eran los únicos períodos durante todo el año en que podían operar como un verdadero convento, sin la interferencia de las estudiantes. La mayor parte del tiempo simplemente me ignoraban.

La locura de las monjas y de mi padre estaban haciendo que mi colon espástico reaccionara sin cesar. Pero al menos cuando iba a conversar con el cura lograba aliviar mi tensión y calmar mi colon, sin necesidad de recurrir a las pastillas.

Mis compañeras de clase no tenían tanta suerte como yo y tuvieron que crear sus propios medios de escape. Algunas se convirtieron en constantes bebedoras, todas guardando vodka en sus botellas de champú. Otras inventaban fines de semanas de inspección en las distintas universidades para salir a pasarla bien con sus novios en otros pueblos. Otras simplemente internalizaban la presión y se aislaban de todo.

Nosotras no nos graduamos de la academia, más bien escapamos de ella. Yo casi no logro escapar porque, de nuevo, mi padre no había pagado la matrícula. Tuve que repetir la misma rutina del año anterior con el abogado, y de nuevo, amenazamos demandarlo por incumplimiento de manutención de una menor. Por segunda vez, enseguida envió el dinero.

No vino a mi graduación. Le envié una invitación y una foto, que me devolvió con una nota haciendo referencia a mi actitud tan desagradable. Nadie sabía dónde encontrar a mi madre. Así que envié cinco invitaciones a mis amistades de Alateen, que vinieron a celebrar conmigo.

Virgo me tenía listo un regalo antes de mi partida. Anunció que no iría a las ceremonias de graduación porque estaba furiosa después de haberse enterado de los bailes de embriaguez a los que habíamos concurrido todo el año. (Todavía no sabía nada de las botellas de champú, ni de las orgías en las que participaban sus jóvenes damas, ni los espectáculos de mironas que se llevaban a cabo en el techo del dormitorio de cuarto año. Las jóvenes se sentaban sobre el techo en las noches a fumar y mirar a las monjas desvistiéndose en el convento). Pero a medida que íbamos descendiendo las gradas al fin de la ceremonia de graduación, allí estaba Virgo tras bambalinas, esperándonos. Le dio un abrazo a todas las graduandas, bendiciéndolas y deseándoles lo mejor. Como yo era la más alta de todas, era la última en la fila. Cuando me vio venir, dio la vuelta y se fue. Yo me limité a sonreír y decir: "Que Dios la bendiga a usted también, Hermana".

El salir como graduada de la academia significaba que ya no podía resguardarme de manera segura en las estructuras académicas. Había solicitado entrada a varias universidades con la esperanza de continuar mi educación y retrasar cuatro años más mi entrada oficial al mundo. Con todo lo terrible que había sido la academia, por lo menos sabía que recibiría tres comidas al día y una habitación donde dormir. Con mi promedio académico de B+, consideraba que gozaba de buenas oportunidades de ser aceptada, y una vez que entrara a una universidad, podía proseguir a demandar a mi padre para obligarlo a pagar por la matrícula. Pero Virgo me informó, el día antes de mi graduación, que con todas mis solicitudes de ingreso ella había incluido una nota recomendando que no me aceptaran debido a "problemas personales", los cuales, según me explicó, se referían a mi padre y su renuencia a pagar mi matrícula. De esta manera la buena monja se aseguró que yo quedaba sin recurso alguno.

Esto me dejaba ante la alternativa de sobrevivir por mi cuenta a tiempo completo, lo cual me aterraba. Había pasado más de un año desde que yo había desarrollado al máximo mis destrezas de sobrevivencia en Ocean City. Durante ese plazo, había perdido buena parte de mis agallas.

En retrospectiva, me doy cuenta que en realidad estaba lista para dar un paso adelante, y de haberme escondido durante cuatro años en una universidad, simplemente sólo habría postergado la próxima etapa crítica que se avecinaba. Iba a ser la más difícil porque, por vez primera, tenía que enfrentarme a mí misma. Tenía que tornarme consciente de los aspectos internos que habían sido críticos en mi sobrevivencia durante los últimos tres años pero que ahora resultarían inapropiados y, que si no los superaba o disciplinaba, podían a la larga destruirme.

Después de graduarme me dirigí otra vez hacia los suburbios de Washington, D.C. para quedarme con la familia de una de mis amigas de Alateen. Abrigaba todo tipo de ilusiones de una familia tranquila y estable lejos de la locura de las monjas. En el peor de los casos tenía la esperanza que lo que estas personas podían ofrecerme sería mejor que vivir en la academia.

En vez de eso, me encontré en medio de un campo minado. No existe razón lógica alguna que explique por qué esta gente me ofreció, en esos momentos en particular de sus vidas, que fuera a vivir con ellos, excepto que era ahí donde yo tenía que estar. Es tan simple como eso, ese era mi destino. La madre acababa de perder su trabajo de doce años debido a una obligada reducción de personal en la fábrica. El padre alcohólico pasaba tambaleándose y dando tumbos en un proceso de embriaguez bastante extenso. No estaba trabajando, lo cual nos daba la oportunidad a todos de poder lidiar con él alrededor de la casa. La hija, mi amiga, estaba en cama recuperándose de una operación bastante seria para corregir un defecto en una pierna, pero la herida no estaba sanando debidamente. Sufría con fuertes dolores, y la mayor parte del tiempo estaba deprimida o furiosa. También se estaba tornando en una desconsiderada "prima donna", formulando demandas a todo el mundo lo suficientemente cerca como para escucharla. Había otra hija que también tenía un problema de alcoholismo, casada con un hombre que se deleitaba en usarla para practicar golpes de boxeo y estaba embarazada con un segundo hijo, que no quería tener. Venía con frecuencia a la casa para contribuir al estado general de depresión y quejas.

Mi primera tarea era encontrar un trabajo. De nuevo, lo logré en mi primera entrevista. Me habría de desempeñar como agente de cobros para una pequeña agencia en Washington, D.C. Otro trabajo para el cual mis calificaciones eran totalmente nulas.

Con un poco de capacitación me convertí en una excelente detective para encontrar a los que trataban de evadir sus pagos, pero una vez encontraba a los culpables, les creía cualquier historia que me contaban. Por lo general era responsable de traer uno o dos cheques a la semana de $10, y los cheques tendían a rebotar por falta de fondos. El jefe de la empresa estaba a punto de despedirme cuando, en medio de un ataque de pánico (lo cual estimuló un poco de creatividad) lo convencí que su oficina no estaba debidamente organizada y que necesitaba arreglar todos sus archivos y fuentes de información. Estuvo de acuerdo y me convertí en la secretaria de la oficina.

El jefe probablemente no estaba terriblemente impresionado con mi iniciativa, más bien lo que le interesaba era mantenerme alrededor. Me comenzó a adular, y yo, pensando que él podía ser la solución al lío en que me encontraba, respondí a sus avances.

Era todo lo que podía desear. Mayor, tenía 36 años. Estable. Hijo de un obispo protestante—ya muerto. Con educación universitaria, incluso licenciado en leyes. Había pasado varios años en Europa trabajando con el servicio extranjero. Adoraba la música clásica. Escribía poesías. Y, no del todo coincidencialmente, se parecía un poco a mi padre. Nos casamos en septiembre.

El matrimonio se celebró en la oficina del juez durante un descanso para almorzar del tribunal. Resultó conveniente ya que mi nuevo esposo estaba ese día en el tribunal compareciendo ante un juicio—sorpresa total para mí. Me llevó al tribunal en la mañana diciéndome que tenía unos asuntos que atender, y mientras estaba sentada esperando que él atendiera a sus asuntos me enteré que estaba siendo demandado por más de 20 incidentes de hostigamiento telefónico en conexión con su trabajo como agente de cobros. Aparentemente llamaba a las personas a mitad de la noche y los amenazaba físicamente si no pagaban.

Cuando el juicio entró en receso para el almuerzo, le pregunté qué estaba sucediendo. Me aseguró que todo era un error y que no tenía nada de qué preocuparme. Le creí, estaba enamorada.

Después un comer rápidamente un emparedado—nuestra recepción nupcial—entramos a la oficina detrás del tribunal. Al final del día, lo declararon culpable y fue a parar a la cárcel. Su abogado me dio la dirección de su madre y me dijo que fuera donde ella.

Su madre se comportó con mucha gracia. Era una mujer sumamente inteligente y callada. Me miró sin inmutarse mientras yo le explicaba que su hijo estaba en la cárcel y que yo era su nueva esposa. Una vez que le mostré el certificado de matrimonio, me invitó a vivir en su casa ya que ahí era donde estaba viviendo su hijo.

No puedo decir que se entabló una comunicación inmediata entre nosotras. Ella era tímida y yo me sentía totalmente fuera de lugar. Lo único que nos unía era nuestro deseo mutuo de encontrar la manera de sacar a su hijo de la cárcel.

Lo que a la larga descubrimos nos dejó atónitas a ambas.

Su hijo llevaba una doble vida. Usaba dos nombres distintos y tenía personalidades totalmente diferentes bajo cada uno de esos nombres. Ella y yo conocíamos a la misma persona, el hombre que usaba el nombre que había recibido al nacer. La segunda persona era un hombre en extremo violento, muy bien conocido entre la policía. El juez había actuado de manera sorprendentemente dura el día que nos casamos porque sabía que la policía de Washington, D.C. había estado ansiosa durante años por meter a este hombre tras barras. Actuando como este otro hombre, había abierto un negocio con unos abogados en Baltimore, firmado papeles legales y abierto cuentas bancarias falsas localmente y en San Francisco. Existían varias órdenes de arresto contra él por emitir cheques sin fondos, falsificaciones y asaltos.

A medida que pasaban las semanas, el cuadro de la situación se iba esclareciendo. Yo no abrigaba duda alguna que permanecería leal a mi nuevo esposo. Después de todo, era mi esposo y estaba en problemas. Yo iba a ayudarlo a salir del entuerto. No se me ocurrió en ningún momento pensar que me había casado porque estaba asustada y tratando de salir de una situación difícil, que en realidad no lo quería. De puro miedo estaba optando por creer que lo quería y que debía estar casada con él.

En retrospectiva me doy cuenta que era vital que yo entendiera que una parte de mí era capaz de verse totalmente sobrecogida por el miedo, llevándome a correr hacia la salida más próxima, sin importar las consecuencias. Podía sentir tanto miedo como para crear mi propia fantasía de amor, matrimonio, incluso la noción que yo podía resolver los problemas de este hombre. El miedo puede ser una fuerza interna sumamente constructiva—nos motiva en nuestros momentos de valor. Nos motiva a auto-protegernos. Pero también puede operar como una fuerza destructiva, y eso era lo que yo habría de experimentar y explorar en una serie de circunstancias diferentes mientras me esforzaba por lidiar con este matrimonio.

Con el arresto de mi esposo, la agencia de cobros fracasó. Tenía que buscar otro trabajo y tenía que hacerlo rápidamente. Una cadena de tiendas de productos madereros y mejoras en el hogar necesitaba cajeras, pero después de someterme a todo tipo de exámenes y entrevistas, me rechazaron porque estaba demasiado calificada. Sin embargo, me dijeron que tenían una plaza de secretaria en su nuevo departamento de mejoras en el hogar, y que me darían el puesto siempre y cuando cumpliera con todos los requisitos de seguridad. Seguridad. Eso quería decir que tenía que someterme a una prueba con un detector de mentiras.

Me consumió el pánico. Calculé que si eran lo suficientemente estrictos como para exigir la prueba con un detector de mentiras, probablemente no querrían contratar a nadie con un esposo sentado en la cárcel. Eso no me parecía justo, así que decidí que mentiría acerca de mi esposo.

Puede que parezca una movida totalmente estúpida, pero lo cierto del caso es que funcionó. Durante la entrevista, cuando me preguntaron sobre mi esposo me inventé una historia de que estaba en Roma en una conferencia del Vaticano, como parte de la delegación protestante norteamericana. Estaría fuera del país durante ocho meses (el período de su sentencia en la cárcel). Esta historia no era tan descabellada como parece. Se estaba celebrando una conferencia internacional en el Vaticano en esos momentos y había un grupo protestante norteamericano participando. Mi esposo era el hijo de un obispo. ¿Por qué no habría de ser invitado a algo así? Cuando llegó el momento para la máquina verificar mi historia, ya me había convencido a mí misma que era un hecho y pasé el examen.

Cada jueves, al almuerzo, me sentaba con mi esposo en la cárcel. Para mí esto significaba intercambio de formalidades con los guardias. Firmar papeles. Soportar que me registraran. Paredes grises de acero. Puertas de acero que hacían ruido al cerrar.

Sonidos de llaves. Ecos. En la sala de visitantes quedaba separada de él por una pared. Me sentaba en una silla de metal (gris para complementar el resto del decorado), lo miraba a través de una pequeña ventana en forma de diamante que sólo me permitía ver su cara y le hablaba a través de un teléfono. Cuando terminaba mi media hora, un guardia venía a pegar con un palo contra el espaldar de mi silla.

Al principio, mi esposo se mostró cordial y gentil conmigo, muy dulce. Luego comenzó a pedirme que llevara mensajes y transfiriera documentos a sus socios y abogados, ninguno de los cuales yo conocía. Todo tenía que hacerse en secreto. Creó códigos basados en personajes de la literatura clásica para así poderme mandar instrucciones secretas por correo.

Las personas que él pensaba que lo ayudarían se mostraron muy renuentes a involucrarse en sus problemas. Cada vez que le hacía entrega de tales noticias, se ponía más y más furioso conmigo. Por último un jueves comenzó a gritarme que no quería volver a verme: luego, para mayor énfasis, tomó una silla y la lanzó contra la ventana que nos separaba. Los guardias lo detuvieron. Otros guardias me sacaron de la sala y me llevaron a una oficina donde un guardia, de mayor edad y muy gentil, me dijo que era evidente que mi esposo se había deteriorado mentalmente. Me sugirió que hiciera lo que fuera necesario para deshacerme de este hombre y apartarlo de mi vida lo antes posible. Le di las gracias por su consejo, pero no le hice caso.

En Navidad, mi nueva cuñada nos visitó. Escuchó con gran interés mientras nosotras la poníamos al día sobre los problemas de su hermano. Luego, esa noche, vino a mi habitación a decirme una sola cosa: "Si tu fueras mi hija, te diría que dejaras a este hombre y reanudaras tu vida". El guardia al decirme lo mismo no tuvo el mismo efecto que ella. Ella quería mucho a su hermano. Pero vio que sus problemas iban más allá de lo que yo podía resolver y que su hermano sin duda me arrastraría con él.

Dos semanas después dejé la casa de mi suegra y me mudé a

una casa de apartamentos en medio de la ciudad de Washington, D.C. Fui a ver un abogado e inicié el proceso de divorcio.

Pero había otro problema con el cual tenía que lidiar. Según mi jefe y compañeros de trabajo, mi esposo estaba todavía en Roma. Siempre me preguntaban cómo le iba y cuándo regresaría. Tenía que hacer algo respecto a este hombre que ya no formaría parte de mi vida. Así que lo maté. Llamé a la oficina y le dije a mi jefe que mi esposo había muerto en un accidente automovilístico en Roma. Tenía que ir a Roma para completar los arreglos necesarios. Me dio dos semanas de vacaciones. Durante ese plazo, en el periódico de la empresa apareció una nota de condolencias para mí. Para cuando regresé al trabajo, todo el mundo sabía que era viuda.

Obviamente sabía cómo mentir a la perfección. Toda una empresa, y no olvidemos la máquina de detección de mentiras, habían creído mi fantasiosa historia sobre Roma. El mentir había pasado a ser parte integral de mi proceso de sobrevivencia desde mis 12 años. Pero ahora, si no lograba rechazar este "mecanismo de escape", totalmente inapropiado, una destreza inaceptable, nunca podría continuar con la travesía espiritual que me esperaba. Descubrí que la verdad es un fenómeno complejo y multi-dimensional. No tendría oportunidad de entender esa realidad si seguía permitiéndome el uso de atajos de escape—mis mentiras—para evitar los momentos difíciles, incómodos y desafiantes que frecuentemente acompañan a la verdad.

Para lograr esto era importante que enfrentara la maraña que estaba creando con mis mentiras y, gracias a mi finado esposo, tuve oportunidad de lidiar con esto sin mayor demora.

Ocho meses después de nuestro matrimonio lo dejaron en libertad y regresó a la casa de su madre. Me llamó a la casa de apartamentos donde yo estaba para decirme que yo era la causa de su presente situación y que aunque fuera lo último que hiciera en su vida, me iba a destruir—a matarme.

Lo primero que logró fue hacer que me echaran de la casa de

apartamentos. Comenzó a llamar al propietario a todas horas de la noche indicando que seguiría llamando a menos que se deshiciera de mí. Encontré otro alojamiento a la vuelta de la esquina el mismo día que me echaron. Luego decidió hacer lo mismo con mi trabajo, llamando a mi jefe con las mismas amenazas. Al principio mi jefe no me dijo nada sobre las llamadas telefónicas asumiendo que era algún loco. Después de todo, mi esposo había muerto. Pero un día me pidió que entrara a su oficina y me hizo escuchar una grabación de varias de las llamadas. Era mi querido y finado esposo, sin duda alguna, formulando todo tipo de insinuaciones pornográficas sobre mi carácter moral (¡algunas ni siquiera las entendí!). Varios ejecutivos de la empresa me enfrentaron en una reunión por todas mis mentiras y me despidieron.

Nunca más volví a recurrir a la historia de Roma.

Obtuve otro trabajo como recepcionista, y en cuestión de dos meses logró hacer que me despidieran también. Al principio se limitaba a hostigamientos por teléfono. Pero cuando eso no resultó efectivo con mi supervisor, comenzó su escalamiento a bromas de mal gusto. Estaba un día sentada respondiendo a las llamadas telefónicas cuando entraron corriendo cuatro hombres de la Brigada de Rescate buscando a la recepcionista que estaba al borde de la muerte. La Brigada de Rescate no ve con buenos ojos falsas alarmas y mi supervisor tuvo que actuar en forma muy convincente para que creyeran que nosotros no sabíamos nada sobre el falso informe. Ese día me despidieron.

Mi próximo trabajo fue con el periódico Washington Post como editora. En esta oportunidad, como yo conocía las tácticas para encontrar a alguien, me aseguré de que no pudiera dar conmigo y descubrir dónde estaba trabajando.

Entonces cambió de táctica y comenzó a seguirme en su auto cuando yo iba caminando por las calles de la ciudad. En un par de ocasiones yo iba por la calle y él se subió con el auto sobre la acera para tratar de pegarme. Estaba comenzando a creer que realmente se había propuesto destruirme y matarme. Pedí ayuda en la policía pero me dijeron que no podían hacer nada a menos que me atacara. Mi intuición me decía que era capaz de matar y que yo corría peligro. (En caso de que piensen que estoy exagerando, actualmente el hombre se encuentra en la cárcel de por vida por haber matado al joven esposo de una mujer que quería. Le disparó cinco veces en una sala llena de testigos).

En enero, antes de que mi esposo saliera de la cárcel, había ido a la catedral San Mateo en Washington y pedido que me bautizaran como católica. Después de una sesión, el cura quedó convencido que ya había recibido las instrucciones requeridas y que podía bautizarme una semana después. Un compañero de trabajo hizo de padrino y más tarde celebré, lo que consideraba había sido el momento más importante de mi vida, consumiendo una pinta de helado en mi apartamento. Como nueva católica, la catedral se convirtió en el centro de toda mi actividad fuera del trabajo. Iba a tres Misas los domingos, a confesarme todos los viernes y a los servicios especiales de oración durante la semana.

Ahora, ante el miedo de que mi esposo me matara, sentí que no tenía otro lugar donde recurrir en busca de ayuda que la iglesia. Entré a la rectoría de San Mateo y pedí ver al cura que me había bautizado. Me dijeron que estaba escuchando confesiones y que regresara en dos horas. Sabía que si salía de la rectoría el hombre que me estaba siguiendo en su auto iba a matarme. Así que le expliqué que era una emergencia que no podía esperar.

Cuando entró, el cura estaba furioso porque lo había hecho abandonar sus obligaciones en los confesionarios. Le conté mi historia. Se lo dije todo, sin mentiras. Le dije que estaba convencida que me iba a matar si no lograba encontrar ayuda. ¿Podía él ayudarme a encontrar un lugar seguro donde quedarme? El cura me escuchó pero podía ver que pensaba que era un caso mental. Me dijo que no podía hacer nada por mí, tenía que ir a pedir ayuda a la policía.

Cuando salí de la rectoría, estaba convencida que en muy poco tiempo sería cadáver. De manera muy extraña me sentía sumamente calmada. Podía sentir una espesa nube formándose alrededor mío. Pero no era una nube de emoción frenética. Había resuelto que podía morir.

Me encontraba a una cuadra de la rectoría cuando escuché a alguien llamarme. Miré y vi al cura que venía tras de mí. Por alguna razón, justo después de salir de la rectoría había llamado a una amiga suya que trabajaba en el departamento de policía. Ella había realizado una investigación rápida y le confirmó que mi historia era verídica y que las autoridades en la cárcel consideraban al individuo sumamente peligroso. Ella le sugirió que me dijera que fuera a la YWCA. Estaban seguros que allí estaría a salvo.

A partir de ese momento las cosas comenzaron a salirme bien. Mi esposo simplemente se aburrió y perdió interés en mí. No volví a verlo más hasta una noche en el noticiero por la televisión en que informaron sobre la muerte del joven esposo. Incluso en el periódico, todo lo relacionado con sus antecedentes e historial, y su matrimonio conmigo, nunca se mencionó. Fue como si el hombre nunca hubiera tenido nada que ver con mi vida.

En el periódico estaba disfrutando plenamente mi trabajo. Me habían promovido dos veces en menos de un año a una posición de considerable responsabilidad. Tenía 18 años. Estaba ganando un buen sueldo. Estaba aprendiendo que podía realizar muy buen trabajo y mantener mi posición en el mundo laboral de adultos. Anticipaba que trabajaría en periódicos durante muchos años. Esa idea me confería cierto sentido de estabilidad.

Después de permanecer por un breve período en casa de una amiga, me mudé a un pequeño apartamento amoblado. Adquirí una gata que llamé Eloise, compré un par de plantas e incluso un pequeño televisor. Había comenzado a vivir como una persona normal. Lo único que quedaba aún del matrimonio era el proceso de divorcio—el cuál mi esposo no estaba rechazando. La anulación del matrimonio por parte de la Iglesia fue autorizada mucho antes que el divorcio civil porque él se había casado (legalmente y ante los ojos de iglesia) antes de casarse conmigo, por lo tanto eso hacía que mi matrimonio con un hombre divorciado fuera "nulo e inválido".

Pasaba todo mi tiempo libre en la catedral. Había logrado entablar una amistad con el cura al que había recurrido en busca de ayuda, a pesar de que el comienzo de nuestra relación había sido un tanto difícil. Me invitó a que me uniera a un grupo de laicos llamado "Acción Apostólica" que se había establecido con el fin de lidiar con la multitud de personas que llegaban a la rectoría en busca de ayuda. Los hombres en el grupo consideraban que necesitaban un par de mujeres para que trabajaran con ellos porque tenían miedo que alguna mujer loca fuera a atacarlos en la rectoría y luego comenzara a gritar que estaba siendo violada.

Fui miembro de "Acción Apostólica" durante casi tres años. Anualmente nosotros doce nos hacíamos cargo de unos 700 casos. Nos asignábamos turnos para ir a la rectoría en las noches y atender a cualquiera que se presentaba: hombres que se sentían solos y sufriendo desavenencias que necesitaban un lugar donde dormir durante una o dos noches; gente que necesitaba trabajos; algunos necesitados de atención médica; la mayoría necesitados de dinero. En varias ocasiones trabajamos con el Departamento de Inmigración para ayudar a personas a regresar a sus países de origen—o evitar que los mandaran de vuelta. Atendíamos problemas básicos de sobrevivencia—condiciones que permiten a una persona permanecer viva. Esto dejaba en libertad a los curas para atender los dilemas religiosos y morales.

Para entonces nos encontrábamos a mediados de la década de los sesenta. Existía un movimiento de cambio y renovación en toda la iglesia. Se estaba celebrando el Vaticano II y casi a diario se anunciaban cambios de estructura y tradición. El tema de control de la natalidad dividía a los curas, y por primera vez, estaba escuchando al clero expresar opiniones personales sobre la política y posición de la iglesia. Los curas más jóvenes estaban poniendo en tela de juicio la moralidad de la guerra de Viet Nam.

La idea que la guerra, la paz y la religión son conceptos teológicos surgió como tema central de conversaciones. La atmósfera general alrededor de la catedral era una en la que ya no se aceptaba sin análisis la tradición o doctrina de la iglesia. Todo se sometía a corroboración, lo cual me satisfacía mucho. Yo fui una rebelde innata en la iglesia. Consideraba mi responsabilidad pasar revista a todo aspecto de la iglesia a medida que se cruzaba en mi camino y que tenía que decidir a nivel individual si encajaba o no dentro de mi sistema de creencias. Estaba volviendo locos a los curas.

En 1966 tomé una decisión de gran importancia. Un minuto antes no se me había ocurrido nunca pensar sobre esa decisión, al próximo ya había decidido que *tenía* que viajar a Europa. No sabía por qué; sólo que era importante que lo hiciera.

Rompí los calendarios que tenía en mi oficina y pegué cada mes por separado en los archivos que estaban ubicados en frente a mi escritorio, cerré los ojos y comencé a lanzar lápices a los meses. De esta forma le pegué al mes de enero de 1967, al 7 de enero para ser más exacta.

Ese día de junio de 1966 decidí que partiría hacia Europa el 7 de enero de 1967—y permanecería un año. En realidad salí el 5 de enero. Había decidido cruzar el Atlántico en un barco de carga y fue la fecha más cercana al 7 de enero que logré conseguir. Envié a Eloise con una buena familia, entregué mi apartamento, renuncié de "Acción Apostólica", me despedí de mis amistades y salí rumbo a Europa con un total de $1,500 y una maleta. Tenía 21 años.

Me fui sin itinerario alguno. Ni siquiera estaba segura dónde iba a desembarcar. Todo dependía del clima, podía ser Liverpool o Southhampton. Resultó ser Liverpool. Me dirigí a Londres y crucé el Canal hacia Holanda. Pasé de Holanda a Bélgica, Francia, España y crucé el Mediterráneo hacia Marruecos. Regresé a España y viajé a lo largo de la costa hacia Francia, Italia y luego Roma. Llegué a Florencia y me quedé un tiempo, luego regresé a

Francia para cruzar a Austria, Suiza y Lichtenstein, de ahí a París, Alemania y de Frankfurt regresé a los Estados Unidos.

Fui "a dedo" de pueblo en pueblo. Visité cada catedral, museo de arte y galería que pude encontrar. No sabía ningún otro idioma que inglés—había pasado dos años tratando de meterme en la cabeza un poco de francés cuando estaba en la academia, pero no habían servido de nada. Cada vez que cruzaba una frontera aprendía en el nuevo idioma cómo decir "sí", "no", "gracias", "¿Tiene una habitación sencilla?" y "¿Dónde está el baño?"

Me quedé en Florencia durante tres meses y medio trabajando en un programa de restauración de arte que se estaba llevando a cabo después que sufrieron una catastrófica inundación del Arno en noviembre de 1966.

Esto me dio tiempo para enamorarme de un abogado italiano que era comunista, no hablaba nada de inglés y compartía su habitación con un fascista. Mi pequeña e ingenua mentalidad política recibía golpes y se desmoronaba por doquier. Jamás imaginé que llegaría conocer a un verdadero y honesto comunista, mucho menos que me enamoraría de él. ¿No era que esta gente estaba supuesta a tener ojos tenebrosos y cuernos?

Europa me enseñó que hay muchas formas de existir, de pensar, y que ninguna es mejor o peor que las otras. Me deshice de muchas de mis bochornosas e ingenuas ideas sobre mi país y las actividades de mi gobierno. Fue una realización devastadora para mí. Recibí insultos por nuestra política en Viet Nam en cada país que visité. (Los europeos sabían lo que realmente estaba pasando en Viet Nam mucho antes que nosotros).

También aprendí que yo tendía a sentirme atraída hacia el estilo de vida sencillo de los europeos, su énfasis en calidad en vez de cantidad, y su sentido de gracia y gentileza.

Regresé a los Estados Unidos decidida a no volver a trabajar en el Washington Post. Quería gozar de la esencia de vida que había descubierto en Europa, y mi trabajo en el periódico no habría hecho más que volverme a situar en medio de las presiones inherentes de periódicos grandes y urbanos.

En vez de eso, me presenté ante la Galería Nacional de Arte, en Washington, D.C. y los convencí que, debido a mis experiencias en Europa con las principales galerías de arte y museos, así como mi trabajo de restauración en Florencia, yo era una muy buena adquisición entre su personal. Los convencí y pasé a convertirme en la primera persona en ser contratada en el departamento de publicaciones que no tenía un grado universitario en historia del arte, ni siquiera contaba con educación universitaria.

Encontré un pequeño apartamento en el sótano de la casa de una pareja joven en Capitol Hill. En cuestión de dos semanas después de mi regreso ya me había re-establecido en los Estados Unidos.

También me había re-establecido en el seno de la iglesia católica norteamericana. Sólo que ahora tenía mucho menos paciencia con cosas que consideraba insignificantes dentro de la iglesia, y me cansé muy rápido de mis experiencias con la iglesia de la parroquia local que era, en el mejor de los casos, ultra-tradicional. Mi búsqueda por una Misa más viva y alentadora me llevó hasta el Centro Newman de la Universidad de George Washington.

Simultáneamente comencé a conocer profesores universitarios de teología y filosofía. La mayoría de ellos curas. Muchos se consideraban catedráticos en otros campos. Eran hombres con gran capacitación, pero con la tendencia a no querer dar cabida a ningún tipo de pensamiento nuevo. Fue este tan poco probable grupo de hombres los que sirvieron de catalizadores de mi próxima etapa de desarrollo.

Pasamos muchas veladas conversando sobre minuciosos temas religiosos o teológicos. En un principio, me sentía sumamente intimidada por estos hombres y sus antecedentes—el viejo síndrome de David y el gigante. Pero esa situación no duró mucho tiempo. Descubrí que sus puntos de vista eran totalmente absurdos y comencé a discutir con ellos. Para poder mantenerme a flote en un argumento tenía que concentrarme intensamente en lo que estaban diciendo. Eran maestros en elaborados juegos con palabras y pensamientos cuyo propósito era hacer caer en trampas y lograr concesiones de adversarios menos diestros. Pero había muchas faltas en sus argumentos y yo estaba decidida a ponerlos de manifiesto, sin caer en sus trampas. La calidad de concentración que estos ejercicios requerían de mí era superior a todo lo que había experimentado antes.

De pronto me di cuenta que estaba diciendo cosas sobre las que ni siquiera había pensado antes, y me estaba expresando de manera concisa y clara. Estaba hablando sobre la calidad del espíritu humano, el significado de la vida en la Tierra, la relación entre el nacimiento y la muerte... Todo simplemente brotaba de mi boca. Estos hombres me escuchaban—lo cual me sorprendía considerablemente.

Fue también durante estas sesiones que comencé a explorar la relación entre la sociedad y la iglesia, así como la respuesta de la iglesia (o falta de ella) a los importantes temas sociales con los que se estaban lidiando en las décadas de los 60 y 70. Comencé a ver con mayor claridad la diferencia entre el que va a la iglesia todos los domingos y el verdadero cristiano, y a darme cuenta que la verdadera esencia del cristianismo se encuentra más allá de las puertas de la iglesia, en medio del diario vivir. Esto me llevó a explorar el concepto de la no-violencia como un estilo de vida. Idea que estaba invadiendo la ciudad de Washington en esos días, particularmente dentro de los ambientes universitarios. Los liberales blancos se sentían intrigados ante un Martin Luther King y lo que predicaba a sus seguidores. Gandhi se convirtió en el nombre de moda que era apropiado sacar a relucir en toda conversación. El ala liberal de la iglesia católica comenzaba a captar la noción de la no-violencia, especialmente lo absurdo de la guerra de Viet Nam que se tornaba cada vez más obvio. Yo leí todo lo que pude encontrar respecto a Gandhi, Tolstoi, Einstein, Schweitzer, Camara... todo lo que tenía que ver con la no-violencia como concepto, estilo de vida o movimiento.

En enero de 1971, un recientemente ordenado cura Paulista, un abogado católico y cinco de nosotros del Centro Newman creamos una organización llamada la Comunidad para la No-Violencia Creativa (Community for Creative Non Violence). Todos nosotros, excepto el abogado, vivíamos en una casa, conformando así el núcleo de la comunidad. Nuestra intención era explorar y vivir una vida no-violenta, y cristiana. Queríamos convertirnos en activistas de la no-violencia dentro del movimiento en contra de la guerra de Viet Nam y establecer una escuela en la que se ofrecieran clases sobre los distintos conceptos de la no-violencia. Sin duda que eran visiones muy loables. ¡Esta resultó ser una de las experiencias más violentas en mi vida!

A mí no me resultaba fácil ajustarme a una vida en comunidad. En el mejor de los casos, los períodos de soledad que usaba para escribir se interpretaban como índice de mi comportamiento anti-social. Pero con mayor frecuencia se interpretaban como índice de que contaban con una mujer totalmente desquiciada viviendo con ellos. Yo entraba a una habitación llena de gente y las conversaciones se interrumpían inmediatamente. Algunos incluso se iban de la habitación para continuar haciendo lo que fuera en algún otro lugar de la casa, otros se limitaban a mirarme—creo que estaban esperando que hiciera algo apropiadamente extraño. Cualquier cosa que yo trataba de compartir con ellos, porque lo encontraba emocionante o divertido, simplemente me miraban sin expresión alguna. Aumentando así la evidencia de que yo estaba mal de la cabeza. Para empeorar todavía más la situación, mi gata decidió entrar en celo de cada seis semanas (en vez de cada seis meses) y se desquitaba sus frustraciones en la pierna, falda y especialmente la barba de cualquiera. Mis compañeros se habían mostrado ambiguos en cuanto a sus sentimientos hacia los gatos. Pero mi gata estaba rápidamente llevándolos a forjar sus puntos de vista.

También teníamos problemas con la rutina diaria de la casa. Varias personas nunca habían vivido solas, fuera del ambiente de los dormitorios universitarios. Una persona no sabía cómo cocinar sin ensuciar las ollas y utensilios de toda la cuadra—lo que hacía que el encargado de fregar todos los días fuera víctima de ataques de ira diariamente (¡Éramos una comunidad de no-violencia creativa y eso no se veía bien!). Finalmente se amotinó. Otra persona era incapaz de cocinar y cada vez que le tocaba preparar la cena nos llevaba a la cafetería de un hospital cercano. Otra persona era totalmente sucia y desordenada. Otra no soportaba ver nada sucio ni desordenado...

Lo único que nos mantenía juntos en esos primeros meses era nuestro deseo mutuo de trabajar en las distintas áreas de la no-violencia. Pero a la larga incluso en esto surgieron diferencias.

Yo estaba comenzando a aprender sobre el concepto de ecología como una fase de la no-violencia. En 1971 el término *ecología* como palabra y concepto estaba recién comenzándose a discutir. Yo me sentía cada vez más apasionada con el concepto que la ecología era no-violencia, más allá del enfoque del hombre, abarcando el medio ambiente que lo rodea. Quería hablar sobre eso y generar interés en estilos de vida que fueran no-violentos y con consciencia ambiental. Pero el enfoque primordial de la Comunidad se estaba volcando, casi en forma exclusiva, hacia el movimiento en contra de la guerra. Las flores y mariposas, y demás frivolidad, simplemente tendrían que esperar. Su rechazo tan rotundo de mi punto de vista me hizo sentir aún más distante de ellos.

Hubo dos razones adecuadas para que yo formara parte de la Comunidad—ninguna de las cuales tenía nada que ver con el convertirme en una de los "padres fundadores" de una comunidad no-violenta. Primero, sirvió de elemento catalizador hacia mi comprensión del concepto de la no-violencia ecológica—la responsabilidad del hombre dentro del contexto de la naturaleza, siendo la destrucción de la naturaleza la propia destrucción del hombre, la calidad de la existencia del hombre que está directamente relacionada con la calidad de sus vínculos con la naturaleza. Aunque no lo usé en esos momentos, este conocimiento quedó grabado en mi mente y lo usaría más tarde en mi vida.

La segunda razón fue Clarence Wright, un seminarista Paulista que vivía al final de la calle donde estaba ubicada la residencia de la Comunidad. Él trabajaba en la Misa Newman, le faltaba un año para recibir los hábitos, estaba interesado en la no-violencia y apoyó la creación de la Comunidad.

Era también un joven con capacidad innata para sanar el alma y espíritu de casi cualquier persona que se cruzara en su camino. Después de todas mis luchas en la Comunidad (a estas alturas me encontraba entre las filas de los heridos ambulantes) estaba totalmente vulnerable a su gentil y generosa preocupación por mí. A él le intrigó mi extraña vida y manera de pensar.

Nos enamoramos igual que dos tontos atropellados por un camión.

Que él fuera seminarista creaba un leve dilema. El hecho que lo habían asignado a trabajar en el Centro Newman, vivía en la misma área que yo, y nos asociábamos con la misma gente, hacía que no resultara fácil mantener nuestra relación en secreto durante meses. En junio, lo enviaron a trabajar y estudiar durante el verano en un centro de rehabilitación de drogadictos y alcohólicos en Atlanta, Georgia. Nuestra separación se tornó intolerable en cuestión de unas semanas. Fui a Atlanta intentando quedarme cuatro días durante las festividades del 4 de julio—y no nos hemos separado desde entonces.

La explosión fue masiva cuando los Paulistas y la gente de la Comunidad se enteraron de nuestra relación. El cura en la Comunidad pasó tres horas tratando de convencerme que nuestra relación no era otra cosa que una situación creada por mi imaginación. El director de los Paulistas le escribió a Clarence (cuando Clarence le notificó que abandonaría el seminario) y en toda la carta se refirió a mí como "el problema". Otros me acusaron de haber arrebatado a Clarence de los amantes brazos de la Sagrada Madre Iglesia. Mi mejor amiga, una mujer que había llegado a querer igual que a una hermana, se rehusó a hablarme y no quería saber nada de mí. Muchos de los compañeros Paulistas de Clarence, quienes él consideraba como sus hermanos, no le hablaban. (Yo me realicé con perverso placer años después cuando las mismas personas que se comportaron tan crueles cuando se enteraron sobre nuestra relación, se encontraron involucrados en situaciones muy similares. Varios curas dejaron los hábitos para casarse y mi ex-amiga se enamoró perdidamente de un cura...)

Con todo y eso, todavía contábamos con un puñado de amistades—el abogado de la Comunidad y su familia, así como un par de desafiantes Paulistas. Era un grupo pequeño pero poderoso que nos apoyó y nos ayudó a pararnos cuando regresamos a Washington en agosto.

Pasamos los primeros diez meses luchando para estabilizarnos económicamente. Nadie estaba buscando a gritos en el mercado laboral a un a ex-seminarista con un grado universitario en filosofía. Clarence se las arregló para conseguir un trabajo como tutor de niños en un programa de educación especial, pero le exigían gran dedicación a cambio de un salario sumamente bajo. Yo empecé a trabajar vendiendo pelucas de pelo humano, de puerta en puerta. Nuestros sueldos combinados alcanzaban para pagar nuestras comidas y un alquiler de $135 mensuales por nuestro apartamento.

Mi sociedad con Clarence también hizo que perdiera todos mis antiguos compañeros de la iglesia. Estaban dispuestos a soportar mi radical manera de pensar sobre asuntos eclesiásticos hasta cierto punto—pero esa tolerancia no se extendía a mi vida con un ex-seminarista. Pronto nos encontramos rodeados de un nuevo tipo de gente—Paulistas y ex-cleros que, igual que nosotros, se desenvolvían en un ala más liberal dentro de la iglesia. Eran personas que se sentían cómodos con la idea que los católicos tenían que formular y descubrir sus propias teologías.

Lo que salía de mi boca ahora ya no tenía nada que ver con el ámbito más amplio y generalizado de la realidad que había experimentado antes, sino que incluía preguntas prácticas en torno al alma—la existencia después de la muerte, qué significaba para un alma ser física, estar en la Tierra. ¿Cómo afectaba nuestra condición física cosas como la capacidad de amar? ¿Era la condición física una limitación a nuestra verdadera naturaleza? ¿Qué es en realidad lo que comprende el proceso de la muerte?...

A comienzos de enero de 1972, recibí una llamada de teléfono de uno de nuestros amigos Paulinos. Una psíquica iba a venir a dar una charla en St. Paul's College ese sábado. No sabía sobre lo que iba a hablar, pero pensó que tal vez nos interesaría ir a escucharla. La psíquica en cuestión se llamaba Peggy Townsend.

A pesar de que había sido invitada por uno de los curas, yo no diría que la recibieron con los brazos abiertos. Había unos 35 curas y seminaristas presentes en la sala de conferencias, sentados en tres hileras a lo largo de una mesa. Clarence y yo estábamos sentados en una de las puntas de la mesa, de frente a ella.

Yo no tenía la más mínima idea qué esperar de esta mujer. No sabía prácticamente nada sobre psíquicas—sólo que hacían cosas extrañas, pero no estaba segura qué eran esas cosas extrañas. También anticipaba encontrarme frente a una mujer delgada que llegaría a la sala vistiendo ropa copiosa y blanca que le permitiría aterrizar flotando entre nosotros. Resultó ser delgada, pero vestía pantalones de lana y caminaba igual que cualquier persona común y corriente.

Muchos clérigos en la sala se habían preparado para recibirla. Armados con sus Biblias y citando las escrituras, trataron de encontrar todo tipo de fallas en su aseveración que podía trabajar como psíquica. Lamentablemente escogieron la persona equivocada. Ella también conocía las escrituras, tanto como ellos, y les respondía con otros pasajes de la Biblia que apoyaban el papel del psíquico en el cristianismo. Todo el tiempo yo permanecí callada al otro extremo de la mesa, observándola. Ella no reaccionó en actitud de combate. Hizo dos cosas. Primero, con mucha tranquilidad y ecuanimidad respondió a todos sus ataques, y los equiparó, punto por punto. No evadió nada. Y segundo, abrió alguna puerta interna a través de la cual despidió tal cantidad de energía de amor que terminó consumiendo el fuego destructivo de todos en la sala.

Una vez el clero cedió en su batalla con la Biblia, ella pudo proseguir hacia áreas específicas de la realidad que ella había podido explorar debido a su capacidad innata. Se refirió a la muerte y la existencia después de la muerte—¡justo los temas que me apasionaban! Comencé a formularle serias preguntas basadas en lo que yo estaba aprendiendo. Para mi gran sorpresa, ella confirmó lo que yo había estado diciendo. Por primera vez, me di cuenta que todo lo que había estado brotando de mi boca no provenía de mi fantasía. Aquí tenía frente a mí una mujer que estaba diciendo exactamente lo mismo—y mucho más.

Cuando terminó la sesión, le dije: "Creo que necesito verla en privado". Ella me respondió con toda sencillez: "Sí, lo sé". Acordamos una hora en que iría a verla a la mañana siguiente.

Pasé el resto del día en silencio en nuestro apartamento. Mi experiencia con Peggy Townsend me había desorientado totalmente. Todo lo que sabía con certeza era que necesitaba ir a verla. Necesitaba entender lo que estaba sucediendo. Necesitaba desesperadamente asirme de la más minúscula partícula de información que ella podía ofrecerme sobre la existencia después de la muerte.

Esa noche, la temperatura descendió por debajo de 0 grados Farenheit. A la mañana siguiente, sólo logramos hacer arrancar una de nuestras bicicletas motorizadas—la más pequeña, para una sola persona. Yo quería que Clarence fuera conmigo cuando me encontrara con Peggy, pero debido a las condiciones del clima tuve que ir sola.

Entramos a una pequeña sala. Me senté en una silla frente a ella. Me pidió que no cruzara las piernas y brazos de modo que la energía pudiera desplazarse a través mío, y luego me explicó que había pasado la mayor parte de la noche meditando sobre lo que me iba a decir. Sentía que había tanto que decirme, pero cada vez que tomaba en consideración un área sobre la cual hablar, sentía caer una cortina de acero frente a ella. Sin embargo, no tenía por qué preocuparme. Ella iba a hacer la prueba de nuevo conmigo enfrente para ver qué ocurría.

Se sentó en silencio con los ojos cerrados durante un minuto, luego comenzó a hablar. Cosas pequeñas e insignificantes al comienzo. Clarence estaba sufriendo de acidez estomacal provocada por el ajo que yo había puesto en la salsa de los fideos la semana anterior y no me lo decía por miedo a herir mis sentimientos. Luego, algunas otras cosas sin mayor importancia sobre nuestro apartamento...

Volvió a sentarse callada. Yo no había dicho nada hasta ahora. Me dijo que la cortina de hierro había vuelto a descender. Decidió tratar otra táctica. Pidió que se le revelara lo que tenía que decirme en ese momento. Entonces se quedó callada y yo me sentía enloquecer por la ansiedad. No sabía lo que estaba haciendo. Sólo sabía que tenía que mantener mis piernas sin cruzar y la boca cerrada.

Por último, habló. Me explicó que yo tenía el potencial de desarrollarme psíquicamente en cualquier área que deseara—que todo estaba disponible para mí. Pero que tenía que entender varias cosas antes. Llegaría el momento en mi desarrollo psíquico en que mi relación con Clarence no sería lo primero en mi vida. En esos momentos tendría que decidir con mucho cuidado si quería continuar con mi desarrollo psíquico. Tenía el poder de decidir en cualquier momento si no quería avanzar más. También, existían dos condiciones ahora que estaban haciendo caer la cortina de hierro, evitando que ella pudiera abrirse totalmente conmigo. Uno era mi deseo tan agobiante de obtener conocimiento sobre ese mundo invisible. Esto me estaba obstaculizando. Era esencial que aprendiera a relajarme, aprender a confiar que el conocimiento me llegaría, si me relajaba. Segundo, me faltaba cierto conocimiento, una pieza del rompecabezas, que todavía no era parte de mi consciencia, pero pronto cambiaría esa situación. Sin ese elemento no podía absorber las cosas que ella podía decirme. Pero, de nuevo, tenía que lograr relajarme. Una vez que esa pieza entrara en su lugar, mucho de lo Peggy quería decirme yo simplemente lo descubriría por mi propia cuenta.

Y por último: se me advirtió que no tratara de imponer sobre Clarence esa nueva consciencia y conocimiento que yo estaba a punto de descubrir. En cuanto a estos asuntos, él era mucho más conservador y yo tenía que respetar su necesidad de más tiempo.

La sesión concluyó. Sólo había durado 20 minutos. Cuando me preparaba para irme, ella me dio un abrazo. Me encomendó con todo su amor y apoyo. Yo podía ver claramente que no estaba simplemente repitiendo formalidades sociales—sus expresiones de afecto eran genuinas. Salí de la habitación sabiendo que estaba a punto de emprender una nueva aventura.

Quisiera poder decir que seguí su consejo al pie de la letra, que fue fácil, que desde el momento que abandoné su presencia me sentí relajada, abierta y calmada, esperando pacientemente a que el universo me pegara en la cara. Pero cualquiera que ha vivido la experiencia de recibir información de alguien psíquico podría detectar enseguida mi mentira. ¡Una cosa es escuchar la información, otra muy diferente es actuar en base a lo que uno ha escuchado!

Por supuesto que le dije a Clarence todo lo que había sucedido con Peggy. Ella estaba en lo correcto con respecto a lo que me había dicho de su acidez estomacal.

Clarence y yo acordamos que si en algún momento él sentía que yo estaba aturdiéndolo con mis ideas, que me pediría que retrocediera. Pero excepto en una ocasión, él siempre ha encontrado que nuestras conversaciones sobre esos asuntos son muy agradables, interesantes y provocadoras. La ocasión en que traspasé la línea fue durante una discusión que tuvimos a las cuatro de la madrugada durante la cual estaba empeñada en convencerlo que existían vampiros en algún rincón del universo simplemente porque existía la palabra "vampiro". (Para mí, la palabra no podía existir si la realidad no existía). ¡Pero después de haber estado con Peggy decidí que no tenía porque obligarlo a aceptar vampiros, si no estaba listo!

No podía entender cómo mi desarrollo psíquico podría interferir en mi relación con Clarence, haciendo que pasara a un segundo lugar en mi vida. Y francamente, la idea me asustaba. Ambos optamos por hacer a un lado esta información, bastante confiados que si en algún momento esto se convertía en un punto de fricción, ambos entenderíamos y sabríamos lo que teníamos que hacer.

Poco después de haber visitado a Peggy, la misteriosa pieza del rompecabezas que faltaba se ubicó en su lugar. Clarence la proveyó durante una conversación de un libro que estaba leyendo sobre reencarnación.

Reencarnación... esa era la pieza que faltaba. Tan pronto como comenzó a hablar del concepto, vi una enorme puerta de madera abrirse dentro de mí. De repente, me sentí azotada por una ola interna de información. Lo que yo había estado diciendo sobre la existencia después de la muerte ahora acababa de asumir una dimensión totalmente diferente. Una multitud de elementos de información pasaron por la misteriosa brecha que yo misma había reconocido que existía en mis argumentos. Ahora entendía la vida—tanto la existencia después de la vida como la vida en la Tierra—desde una perspectiva diferente de muchas reflexiones del alma, en vez de una sola.

Mi nueva aventura había realmente comenzado.

En la primavera de 1972, Clarence y yo decidimos compartir la felicidad de nuestra relación.

Invitaríamos a familiares, viejos amigos y nuevos amigos... todos a unírsenos en una celebración. La celebración habría de enfocarse en torno a una Misa. El tema sería el poder de las relaciones. Después de la Misa, comeríamos juntos y nos divertiríamos. El abogado y su familia nos ofrecieron su casa como centro para la reunión.

Todo siguió su curso sin dificultades hasta que le pedimos a un íntimo amigo Paulista que celebrara nuestra Misa. Se rehusó. No celebraría una Misa a menos que lo convirtiéramos en una boda y se registrara en la diócesis como un matrimonio.

Ambos rehusamos. Desde nuestro punto de vista ya habíamos creado una sociedad válida y moral que no estaba basada en promesas o votos.

Yo me empeciné particularmente en eso. Había aprendido que era imposible prometer hoy lo que habría de hacer mañana. Había aceptado la premisa de Iván Illich que un voto no es algo que uno formula y luego espera poder vivir de acuerdo con ese compromiso. Más bien es algo que se gana después de muchos años de vida con cierta intención. Si íbamos a intercambiar votos, sería sólo después de vivir juntos durante... ¡digamos unos cincuenta años!

En segundo lugar, si permitíamos que nuestra celebración se convirtiera en una boda con la bendición de la iglesia, habría sido igual que decir que nuestras creencias personales eran algo frívolo que podían descartarse ante la más mínima presión de la iglesia. Era como decir que la sociedad que habíamos formado de buena fe en agosto de 1971 ya no era una válida para nosotros y que ahora queríamos que la iglesia le confiriera validez a nuestra relación.

Encontramos otro cura que estaba dispuesto a celebrar la Misa. Con setenta y cinco amigos, celebramos nuestra sociedad.

La controversia en torno a la Misa me llevó a emprender mi próximo y muy importante cambio espiritual. Cuando primero me uní a la iglesia, yo busqué *dentro* de su estructura la esencia del cristianismo, lo que yo llamaba la esencia de la verdad. Luego cuando me enfoqué en el concepto del cristianismo y su relación con los temas sociales, y más tarde en el concepto del estilo de vida de no-violencia, descubrí que esa esencia de la verdad estaba *fuera* de las paredes de la iglesia. Ahora, al hacerle frente a la iglesia y decir que "NO" a sus demandas que tenía que celebrar una boda, entendí que la verdadera esencia del cristianismo estaba *dentro de mí*. No se encontraba en la iglesia, no estaba flotando a mi alrededor, estaba en mí.

En enero de 1973, Clarence comenzó a trabajar para la Corporación Xerox en Springfield, Virginia. Sus años en el seminario como el electricista de planta por fin rendían beneficios. Con el trabajo llegó también un aumento decente en su sueldo. Estábamos comenzando a vivir como verdaderos adultos—dinero, beneficios corporativos, acciones. Incluso nos sentíamos orgullosos de ser los propietarios de una camioneta—en realidad estábamos en sociedad con el banco, igual que los adultos.

Todavía vivíamos en el mismo apartamento. Bueno, el apartamento era el mismo, pero el alquiler ahora era $150 al mes. El vecindario se estaba convirtiendo rápidamente en un área de condominios, y todo nuestro edificio (los cuatro pisos) estaban siendo atacados por una invasión de cucarachas buscando refugio de todas las construcciones de los nuevos condominios. Teníamos que considerar seriamente la posibilidad de mudarnos.

Cuando primero me mudé a Washington, a mediados de la década de los 60, escuché a algunos jóvenes hablar sobre pequeñas granjas que se alquilaban por unos $35 al mes en las afueras de la ciudad, hacia el lado de Virginia. El edificio de la Xerox se encuentra junto a la autopista que circunda la ciudad y Clarence tenía que conducir 10 millas para llegar de nuestro apartamento a su trabajo. Con un raciocinio magistral, calculé que podíamos alquilar una de esas granjas (por supuesto por $35 al mes), siempre y cuando estuviera dentro de un radio de 10 millas en las afueras de la ciudad, o sea que Clarence tendría que conducir la misma distancia. Diez millas en una dirección eran lo mismo que diez millas en cualquier otra dirección.

No tuve que esforzarme mucho convenciendo a Clarence que mi pequeña idea ameritaba, por lo menos, consideración. Las cucarachas terminaron mi trabajo de convicción. Por suerte, la mujer para la cual yo había trabajado cuando vendía pelucas de pelo humano, estaba ahora trabajando en bienes raíces.

Un sábado gris, a fines de enero, Clarence y yo, en compañía de nuestra amiga agente de bienes raíces, nos dirigimos a Virginia a buscar nuestra granja de $35 al mes.

A unas 10 millas de la autopista había una gran variedad de comunidades con casas que se vendían por un promedio de $75,000. Nos aconsejaron que asumir un alquiler era una decisión cara y muy poco sensata desde el punto de vista financiero. Nuestra mejor opción parecía ser buscar un lugar donde construir una casa.

De algún lugar en mi interior, sabía que teníamos que vivir entre bosques. Eso era todo lo que sabía. Vimos diez propiedades ese día, la mayoría en comunidades subdivididas con un sólo árbol en medio de cada parcela de tierra. Se aproximaba rápidamente la hora del atardecer cuando llegamos a la décima propiedad. En realidad no teníamos intención alguna de considerar seriamente esa propiedad. Estaba a 55 millas de la Xerox. Pero la información en el anuncio de bienes raíces decía que era un lote de 10 acres de bosques, con dos arroyos. Como ya estábamos manejando por esa zona, ¿por qué no ir a verla también?

Estaba ya casi oscuro, húmedo, y la propiedad está a media milla al final de una carretera de piedra. Salí del auto y miré en dirección al bosque desde la carretera por un minuto. Me sentí envuelta en una atmósfera de total certeza. Di media vuelta hacia Clarence y le dije como el dato más normal del mundo: "¡Esta es!"

Él se quedó con la boca abierta.

El primer problema que teníamos que superar era la cuestión

de las 55 millas hasta las oficinas de la Xerox. En nuestro viaje de regreso a la ciudad, anotamos el tiempo que tomaba el recorrido—una hora y diez minutos. Para cuando regresamos al apartamento y las cucarachas, Clarence se había auto-convencido que no le importaba la distancia, después de todo a él le gusta manejar.

En junio de 1973, empacamos nuestras pertenencias (incluyendo el cuadro de "Robusto individualismo"), y en compañía de nuestros dos gatos, nos mudamos al campo.

Cuando nos fuimos de Washington, D.C. la mayoría de nuestras amistades rompieron vínculos con nosotros. El que Clarence estuviera trabajando para la Xerox y que nos mudáramos al campo, similar a mudarnos a Etiopía, eran claros indicios que nos habíamos "vendido" al sistema y que ya no nos interesaba luchar por la sociedad humana. Para ellos la única forma de alcanzar tan loables metas era permaneciendo en la ciudad para poder luchar por la causa del hombre común. Eso no incluía trabajar para *ellos*—los del otro lado, las grandes corporaciones. Y definitivamente, tampoco incluía escaparse de la realidad de la vida de la ciudad hacia la idílica soledad del campo. El abandonar la lucha por comida decente en Safeway para irse al campo a cosechar la propia, era una cobardía.

Durante los primeros cinco meses que vivimos en esta idílica soledad, no teníamos electricidad, luz, inodoros, refrigeración, agua, ni cocina.

Ningún problema. Compramos lámparas de gas licuado y una estufa Coleman. Convertimos el refrigerador en una hielera metiendo 10 libras de hielo todos los días. Clarence traía 10 galones de agua todos los días desde la Xerox que cubrían nuestras necesidades de cocina, baño y limpieza. Como inodoro, compramos dos bloques de cemento, un asiento de inodoro y una pala. Nos íbamos al bosque, hacíamos un hueco, poníamos los bloques de cemento a cada lado del hueco, el asiento encima de los bloques y "voilá". Consideramos la idea de construir una letrina, pero el hombre de la compañía de electricidad nos seguía diciendo que las líneas de conexión para nuestra casa estarían listas "muy pronto". Se las arregló para extender el significado de "muy pronto" a cinco meses.

En octubre las líneas eléctricas por fin llegaron hasta nuestra casa. Para entonces habíamos incurrido en dos ajustes de mayor importancia. Primero, ya no nos preocupaba la posibilidad de vivir en medio de nada y perder la electricidad. Segundo, ya nos habíamos curado de cualquier ilusión rosada e idealista de lo que era ser pioneros y acoger un estilo de vida de vuelta a la tierra. Para nosotros el concepto de vida sencilla ahora incluía la debida tecnología. Un poco de electricidad a veces puede resultar sumamente apropiada.

Con nuestra mudanza hacia los bosques comenzaron una serie de cambios en mí. Me convertí en vegetariana y comencé a aprender mucho sobre nutrición. También comencé a aprender a relajarme de una manera que no había logrado repetir desde mi viaje a Europa. Pasaba todo el día en los bosques, trabajando para limpiar todos los deshechos que habían dejado al construir la casa. Era una existencia tranquila para mí. No habían casas alrededor, ni vecinos que pudiéramos ver desde nuestra casa. La hora de tráfico diaria consistía de dos autos que atravesaban la carretera de piedra a las 5:30 de la tarde. A veces podía ver pasar algún tractor. Clarence trabajaba el turno de la noche en Xerox. Se iba de la casa alrededor de las 2:00 p.m. y no regresaba hasta las 2:00 a.m.—o las 4:00 a.m., si tenía que trabajar horas adicionales. Por lo tanto yo pasaba muchas horas sola—en los bosques durante las horas de luz y junto a mi lámpara de gas licuado leyendo en las noches.

Al principio noté algo diferente en los bosques cuando estaba sola en la casa durante las noches. Podía sentir una energía, y en las noches se intensificaba al punto que llegaba a sentirme incómoda caminando frente a una ventana o las puertas de vidrio. Especialmente en las noches de luna llena. Mi incomodidad no era miedo que algo o alguien me fuera a "agarrar". Más bien se trataba de una reacción en respuesta a sentirme rodeada de gran intensidad—aire de intensidad. No era nada hostil.

En 1968, había leído un libro de ciencia ficción de C.S. Lewis titulado *Perelandra*. El relato trataba del planeta Venus (llamado "Perelandra" en el libro), un planeta que existía en total perfección. Fue visitado por dos hombres de la Tierra—uno que representaba todo lo bueno, y el otro lo malo. El primero podía ver la perfección del planeta y se desenvolvía en él de forma armoniosa. El otro estaba ciego a esa perfección y se desenvolvía creando destrucción.

Yo me sentía así en nuestros bosques, aunque habían sufrido daños por haber sido talados indebidamente por el granjero propietario anterior, no por eso habían perdido su chispa de perfección y una vez que se reparara ese daño, resplandecería nuevamente la perfección.

Ahora Clarence y yo estábamos entrando a esos bosques. Ambos poseíamos las cualidades de los dos hombres que habían llegado a Perelandra. A medida que trabajábamos, nuestro objetivo era poder actuar en harmonía, no destrucción, pero no siempre sabíamos lo que significaba ni requería eso. Debido a nuestras luchas internas, estábamos esforzándonos por descubrir armonía y balance—la perfección—y evitar destrucción, luchas similares a las que se describían en el libro, así que decidimos llamar nuestra tierra "Perelandra".

Una mañana de primavera en 1974 desperté con el ruido de voces. Muchas voces que gritaban y me llamaban. No había nadie en la habitación excepto Clarence. No me cabía duda alguna que no había ningún grupo alrededor que explicara las voces que yo estaba escuchando gritar.

Francamente, me asusté. Desde que salí de la casa de mi padre, había vivido con la expectativa de que algún día perdería la razón debido a las presiones que había tenido que enfrentar. Pero no anticipé nunca que eso podía pasar cuando mejor estaban saliendo las cosas en mi vida. No le dije nada a Clarence de las voces con la ferviente esperanza que no las escucharía otra vez.

A la mañana siguiente sucedió exactamente lo mismo. Escuché un grupo de voces llamándome. Nada que podía distinguir claramente, simplemente llamándome. No eran voces amenazadoras, ni por el sonido o el contenido de los gritos. Igual, no le dije nada a Clarence. Necesitaba tiempo para descifrar cómo iba a decirle que tenía que institucionalizarme.

A la tercera mañana, las voces de nuevo.

Ya no podía esperar más. Era obvio que mi condición estaba empeorando rápidamente.

Clarence me escuchó con mucha atención y luego, sin dejar de captar nada, me citó una carta del Nuevo Testamento escrita para los primeros cristianos. Aparentemente, esos primeros cristianos, en determinado momento, escuchaban voces y pusieron en duda su cordura. San Paulo escribió una carta asegurándoles que las voces que estaban escuchando provenían del Espíritu y que no tenían nada que temer.

Yo no soy una aficionada de San Paulo—no después de leer algunos de sus comentarios sobre el papel que deben desempeñar las mujeres. Pero cuando Clarence me citó su carta, sentí profundamente que se refería también a mi situación. No podía entender qué quería decir eso de la voz del Espíritu, pero le puse atención a San Paulo cuando le aseguraba al pueblo que no estaban volviéndose locos.

Clarence no manifestó perturbación alguna sobre mis voces. Mi declaración de locura había sido rechazada, así que iba a tener que lidiar con las voces desde otra perspectiva. Clarence me sugirió que meditara.

Yo no sabía qué era meditación. En la única oportunidad que había escuchado el término había sido unos dos años y medio atrás, cuando Peggy Townsend me había sugerido que aprendiera a meditar. No sabía tampoco a lo que se estaba refiriendo, así que lo descarté y me olvidé de ello. Ahora Clarence me estaba sugiriendo lo mismo. Su opinión era que si meditaba llegaría a descubrir de dónde provenían las voces.

Esa tarde me fui al dormitorio a meditar—fuera eso lo que fuera, estaba decidida a hacerlo... y escuché una voz. Me dijo que me acostara en el suelo. Calculé que no tenía nada que perder, así que me estiré en el suelo. La voz me dijo que relajara mis músculos. Acaté las instrucciones lo mejor que pude. Luego me dijo que relajara mi mente igual que hacía de niña cuando quería incurrir en mis "fantasías". Cerré los ojos e hice lo que había hecho tantas veces de niña. Sentí en mi cuerpo la familiar sensación de estarme elevando y, en determinado momento, sentí como si me hubiera lanzado al vacío desde un precipicio. *Eso*, me dijo la voz, era meditar.

Luego me instruyó que recreara una de mis fantasías de niña. Lo hice sin mayor esfuerzo. Recordé una isla en particular donde acostumbraba a "ir" y, en cuestión de segundos, me encontré otra vez viviendo la experiencia de esa isla. *Eso*, me dijo la voz, es lo que se llaman viajes astrales. De modo que todas mis fantasías de niña habían sido una forma de meditación llamada viajes astrales. Cuando me aparté de la isla y regresé a mi sensación original de flotar en el espacio, la "voz" me explicó que era importante que comenzara a meditar todos los días. Más aún, que la meditación no era solamente flotar en el espacio y emprender viajes astrales. Consta de muchas facetas que estaban disponibles para mí si quería. Todo lo que tenía que hacer era indicar si quería aprender, pedir ayuda y entrar en ese estado de relajamiento todos los días. Cuando pensé en las voces que había estado escuchando en el dormitorio, la voz me explicó que no había estado respondiendo a los indicios más sutiles para que iniciara mis meditaciones y que me habían hecho entrega de algo un poco más obvio para entregarme el mensaje.

La "voz" cesó. Esperé a que dijera algo más, pero no escuché nada más. No necesitaba tiempo adicional para decidir si quería o no continuar con la llamada meditación, de modo que dije que quería continuar enseguida y pedí ayuda. No recibí respuesta alguna y no estaba segura de que había sido escuchada.

Al día siguiente, entré en mi estado de relajamiento, me lancé al espacio desde el borde del precipicio—y no pasó nada.

El tercer día, volví a lanzarme del precipicio, pero en esta ocasión me sentí diferente. Era como si hubiera subido hasta un precipicio más alto antes de lanzarme. En vez de espacio, vi frente a mí formas, como un grupo de personas fuera de foco de las que sólo podía discernir sus formas. Sentí que las estaba mirando a través de una ventana, y de repente me di cuenta que había regresado a mi hogar—mi verdadero hogar. No sabía dónde estaba este lugar, pero sabía sin lugar a dudas, que era mi hogar y que yo había salido de mi hogar para ir a la Tierra. Una ola de añoranza por mi hogar me inundó. Sentía un deseo inmenso de quedarme en ese lugar. Luego me di cuenta que aunque no estaba consciente de por qué había elegido ir a la Tierra, sabía que mis razones eran válidas.

Todas las forma se giraron hacia mí, reconociendo mi presencia, y me enviaron una ola colectiva de amor que me sobrecogió. En un principio les devolví mi amor, pero no podía mantenerme a la par con la intensidad de lo que me estaban haciendo llegar. Sentí presión acumulándose en mi cuerpo—presión proveniente de la intensidad de esa "ola de amor". A la larga sentí que no podía recibir más, que explotaría, y literalmente comencé a sollozar.

Me tomó otra media hora lograr liberarme de esta experiencia, pero la dejé sintiendo mi existencia, no desde el punto de vista de la Tierra, sino fuera de la Tierra. Había descubierto una perspectiva totalmente distinta de mi ser.

El cuarto día, regresé al dormitorio, pero esta vez estaba nerviosa. A pesar de que la experiencia de "ir a mi hogar" había sido sublimemente placentera, me asustaba su intensidad y me preocupaba mi capacidad (o falta de ella) de poder recibir tanto de esa intensidad. Cuando me lancé al precipicio, una vez más pedí ayuda.

Vi un puente de piedra en forma de arco sobre un arroyo copioso. Me sentí caminando sobre el puente. Puse mis codos sobre uno de sus lados y comencé a mirar pasar el torrente de agua. Después de un rato, sentí una presencia a mi lado. Giré mi atención hacia la izquierda y descubrí a un hombre joven, de unos 36 años, que parecía un monje budista. No me dijo nada, ni siquiera me miró, pero me sentía segura con él.

Sin hablar o mirarme, comenzó a transmitirme instrucciones. Era como si su mente estuviera directamente dentro de la mía. Me dio las instrucciones básicas sobre meditación y yo sabía que esta era la "persona" que me iba a ayudar, que sería mi maestro.

Durante los próximos dos años estuve reuniéndome con este hombre en el puente. El mismo hombre. Todos los días trabajaba conmigo.

Pasamos meses en el concepto de energía y cómo eliminar pensamientos de mi mente. Entendí cómo lo que yo había asumido que eran palabras sutiles e inofensivas podían crear total desaliento en la mente si permanecían ahí. Aprendí que el problema no eran las palabras en sí, sino la energía que las acompaña. Todos los días me esforzaba por limpiar mi mente. Él hacía que sacara palabras de mi mente, las metiera en una bolsa marrón y las tirara al arroyo. Entonces las veía flotar hasta desaparecer. Entraba en mi cabeza, buscaba otra palabra, la sacaba y proseguía con la misma rutina.

Pasamos mucho tiempo trabajando en el "arte" de salir de la meditación. Me enseñó cómo protegerme contra intromisiones externas tales como la campanilla del teléfono, cómo acolchonar con energía mi sensación de estar cayendo cuando algún ruido súbito en el exterior interrumpía mi estado de meditación.

Me divertía en grande con mis lecciones de viajes astrales. Aprendí que mientras uno se encuentra en ese nivel, se puede solicitar proveer asistencia a otros, ayudando de manera rápida a personas que están sufriendo perturbaciones. Un día pedí que mi período de meditación fuera "en servicio" e inmediatamente me encontré en un tren en Yugoslavia. Claro está que nadie podía verme. Había un sacerdote de la iglesia oriental ortodoxa en el tren. Yo tenía que transferirle a su mente la sensación que yo había experimentado cuando sentí que había "regresado a mi hogar". Lo encontré, le transferí la energía de la experiencia de mi mente a la suya, y me fui. Me notificaron luego que el sacerdote se encontraba en medio de una depresión, que el tren iba a chocar y él moriría. Si hubiera muerto en el estado de depresión en que se encontraba, su alma habría experimentado gran dificultad cruzando hacia el lugar apropiado en la existencia después de la muerte. Al transferirle mi experiencia en su mente, *él* había experimentado lo mismo y logrado escapar de su estado de depresión antes de morir. Al día siguiente estaba leyendo el periódico y vi un pequeño artículo en las páginas interiores sobre un accidente de tren en Yugoslavia el día anterior donde habían muerto cientos de personas.

Encontré este tipo de "trabajo" sumamente satisfactorio y emocionante. Durante varios meses pedía ir en servicio cada vez que entraba a la meditación. Cada vez era diferente y aprendía algo nuevo e impresionante, valiéndome de toda la complejidad de actividad que nos rodea constantemente.

Luego decidí dejar de hacerlo. Sentía en lo más profundo de mi ser que, aunque era un trabajo válido, no era realmente el trabajo que *yo* tenía que realizar, y por lo tanto que era necesario que dejara de hacerlo para poder seguir adelante hacia mi meta— fuera la que fuera. Desde entonces no he realizado más viajes astrales.

A medida que me desenvolvía en este nuevo mundo, mi conexión con la iglesia católica se tornaba cada vez más distante y nebulosa. La actitud en general de la iglesia es no ofrecer apoyo al tipo de experiencias que yo estaba viviendo, y lo que yo estaba viviendo contaba con un elemento de realidad mucho más vital que nada de lo que la iglesia podía darme. Habiendo descubierto que la esencia de la verdad estaba dentro de mí significaba que ya no necesitaba al clero como intermediario.

El 12 de junio de 1974, le escribí al Papa Paulo VI para informarle que estaba *renunciando* de la iglesia católica a partir de esa fecha. Claro está que la iglesia católica y el Papa no tenían el más mínimo interés en mi pequeña carta, pero para mí era importante escribirla para romper mis vínculos oficialmente. Había entrado a la iglesia—a través del bautismo—en un acto de total lucidez, ahora necesitaba dejar la iglesia con otro acto igualmente lúcido.

Tan pronto como puse mi firma en la carta, entré en un estado de meditación del cual me fue imposible salir durante 24 horas.

Primero me vi en el espacio, flotando, con mi cordón de oxígeno conectado a un vehículo espacial. Luego se cortó el cordón y me encontré flotando libremente. Así permanecí durante 24 horas. Mientras flotaba me encontré lidiando con dos emociones sumamente fuertes. Una era libertad. Ahora estaba en libertad de moverme en cualquier dirección. Era como si todo el universo de repente era mío. La otra era responsabilidad. Estaba consciente de la pesada responsabilidad que caía sobre mí ya que, ahora, mis movimientos, mi dirección, mi vida, no dependían de nadie más que de mí. No contaba ya con ninguna estructura o institución en mi vida sobre la cual podía descansar.

En diciembre de 1976 me consumió una fascinación con el concepto de la regresión hipnótica—especialmente mediante auto-hipnosis. Tenía que aprender a hacer esto. *Tenía* que enterarme de todas esas otras vidas mías. Como el monje en el puente no estaba cubriendo este aspecto de la realidad, yo iba a tener que ir a comprarme algunos libros y aprender por mi cuenta.

El próximo sábado, Clarence y yo visitamos la librería *Yes!* en Washington, D.C. donde encontré siete libros relacionados con mi nuevo interés. Mientras estábamos mirando los anaqueles de libros Clarence me pasó dos libros y me dijo: "Toma, creo que estos te interesarán". Los miré y noté que trataban sobre algo llamado Findhorn—"La magia de Findhorn" y "El jardín de Findhorn". Le pregunté por qué habría de encontrarlos interesantes y me respondió que trataban sobre jardinería. En mi interior pensé: "¡Qué bien! Más libros sobre jardinería orgánica. ¡Qué aburrido!" Puse los libros con los demás calculando que no tenía nada que perder, eran baratos. Prefería comprarlos y no herir sus sentimientos. Quien sabe, tal vez me aburriría este invierno y tendría tiempo para leerlos.

Recuerden cuál ha sido el motivo de presentar tan extensa autobiografía en este libro. Todo lo que me pasó tenía una razón de ser. Cuando Clarence me entregó los libros de Findhorn, ese pequeño gesto no llegó de la nada. Para entonces contaba con años de preparación de modo que cuando obtuve los libros de Findhorn estaba lista para leerlos, entenderlos y usarlos de guía en la siguiente etapa de mi vida. Todo lo que me había sucedido en la vida hasta entonces había sido en preparación para esta próxima etapa. Las destrezas, talentos y disciplinas con las que cuento ahora tienen sus raíces en mi infancia. Espero haber podido mostrarle al lector esas conexiones.

De una manera muy real, ustedes se encuentran ahora en el mismo nivel en que yo me encontraba cuando Clarence me hizo entrega de los libros de Findhorn. Todo lo que ha sucedido en sus vidas hasta ahora ha sido para llevarlos al punto en que puedan tomar este libro en sus manos (o cualquier otro libro de instrucción metafísica) y poder extraer de él todo lo que tiene para ofrecerles. Esto no es menos significativo para ustedes de que lo fue para mí. Es posible que sus vidas no sean tan turbulentas como la mía, tal vez sean mucho más llevaderas emocionalmente. O tal vez sus vidas sean similares a la mía—¡no exactamente sutiles!

(Me gusta referirme al "estilo" de mi vida con el término: "Cómo-pegarse-en-la-cabeza-con-un-palo de la Escuela de Espiritualidad".) No importa los eventos que nos han traído hasta este punto, son importantes—no sólo emocionalmente, sino también espiritualmente. Es cuando miramos hacia atrás que entendemos la importancia de toda una multitud de eventos, grandes o pequeños. Es entonces cuando dejamos de mirar hacia el pasado sintiéndonos miserables, con ira o temor y cambiamos a sentimientos de gratitud y alabanza.

Tal como mencioné en la Introducción, les ofrezco mi vida a modo de ejemplo (y ánimo) para que ustedes usen lo que yo he aprendido cuando pasen revista a sus vidas en el pasado. Es muy importante que entiendan la capacitación espiritual por la que ustedes ya han atravesado—la capacitación que se recibe de lo que yo me refiero como las cosas ordinarias y mundanas en sus vidas. Ninguno de ustedes es un tonto tambaleándose por la vida. Desde el primer momento en sus vidas, han vivido una secuencia de eventos diseñados a proveerles un poco de ayuda en el camino. Cuando reconocemos la importancia y significado de esos eventos, comenzamos a encontrar la magia que existe en todas nuestras vidas. Es esta magia lo que yo quiero compartir con ustedes.

2
¿Qué es toda esta locura sobre hadas?

Inmediatamente después de regresar a Perelandra ese día, me senté con mi bolsa llena de libros. No importaba cuál libro de auto-hipnosis decidía que quería leer, mi atención revertía automáticamente hacia los libros de Findhorn. De modo que comencé a leer "El jardín de Findhorn".

Nunca he podido describir la euforia en la cual me encontré al leer este libro. De pronto me estaban diciendo que las energías tan vagas y sutiles que había sentido alrededor de Perelandra, tenían nombres. Devas. Espíritus de la naturaleza. No eran creaciones de mi imaginación. ¡Existían! Lo que yo había sentido en el bosque era una fuerza de vida que ahora me estaban identificando, y con la cual podía trabajar en forma consciente. Entendí que mi objetivo de lograr un balance ecológico en Perelandra descansaba en mi disposición de trabajar con estas fuerzas individualizadas, estas inteligencias de la naturaleza—las devas y espíritus de la naturaleza. Al leer sobre el ejemplo del jardín plantado sobre arena en Findhorn, Escocia, y cómo las personas que habían iniciado ese jardín trabajaban con las inteligencias de la naturaleza, recibí el impulso que necesitaba para abrirme a un mundo nuevo.

Una noche a comienzos de enero de 1977, caminé hacia el bosque y anuncié en voz alta y con toda claridad: "Quiero hacer en Perelandra lo que hicieron en Findhorn. Quiero trabajar con las devas y quiero trabajar con los espíritus de la naturaleza. Los invito a todos a que se manifiesten conmigo. Estoy lista a aprender de ustedes".

Entonces salí del bosque, regresé a la casa, comencé a meditar y esperé.

En el momento de mi "declaración", no sabía lo que estaba haciendo. Pero años más tarde entendí que me había valido de una ceremonia para enfocar un cambio que se estaba llevando a cabo en mi interior. La ceremonia es un medio físico que se emplea para enfocar energía de un nivel más alto, logrando así que esa energía adquiera forma y mayor acceso para las personas participando en la ceremonia. Es un instrumento cuyo fin es proveer claridad y forma a la energía. Para lograr esto, nos valemos de ambientes especiales, acciones, palabras, música... lo que sea que resulte apropiado. En esa noche de enero, yo cambié mediante una ceremonia. Tomé una decisión clara de lo que quería. Escogí el bosque como el ambiente apropiado. Luego me valí de una serie de acciones físicas usando palabras. Declaré mi intención. Clara y simplemente, invoqué lo que consideraba que necesitaría para realizar mi intención. Luego sellé mi declaración mediante un acto físico—meditar y permanecer lista a recibir lo que fuera que iba a suceder a continuación.

La respuesta fue inmediata. De hecho, tuve la misma experiencia que Dorothy Maclean tuvo en Findhorn cuando recién comenzó a entablar contacto con devas. Yo había escuchado "una multitud de voces" que me llamaban, todas hablando a la vez— todas diciéndome que ya era hora. Al entablar conexión descubrí que habían estado esperando mi acción ya durante algún tiempo. Recuerdo que en el libro de Findhorn, cuando Dorothy describe esta experiencia, dice que ella simplemente le pidió a las devas que le hablaran una a la vez. No teniendo nada que perder, hice lo mismo. Para mi gran sorpresa, respondieron de manera instantánea. Desde ese momento, escucho las voces de las devas, una a la vez.

Deva—es la palabra sánscrita que significa "cuerpo de luz". A través de mis meditaciones, he descubierto que el nivel dévico es un nivel de consciencia sumamente alto en vibración. Es como si alguien pegara contra un puñado de tenedores para entonar y pudiéramos distinguir la diferencia en vibración entre ellos, en vez de las diferencias de sonido. Descubrí que la vibración dévica se siente sumamente elevada y llena de luz. No se asemejaba a nada de lo que antes había experimentado en mis meditaciones. Su esencia era claramente distinta.

La palabra "arquitecto" ha sido usada por otros para describir lo que hacen las devas—y yo, también, me inclino por este término como el más apropiado. Es el nivel dévico en el cual se aglutinan todas las distintas energías que comprenden, por ejemplo, una zanahoria. La Deva de las Zanahorias "aglutina" las distintas energías que determinaba el tamaño, color, textura, estación de crecimiento, necesidades nutritivas, forma, flor y ciclo de la semilla de la zanahoria. Esencialmente, la Deva de las Zanahorias es responsable por todo el contenido y apariencia física de la zanahoria. Es la deva quien "mantiene" la visión de la zanahoria en toda su perfección, controla las energías necesarias para formular esa perfección y preserva la unión de esa colección de energías a medida que se desplazan de un nivel de vibración a otro en el proceso de manifestación física. Todo respecto a la zanahoria a nivel práctico, así como en un nivel más abarcador, universal, es de pleno conocimiento de la Deva de las Zanahorias.

A diario incursionaba en mis meditaciones y abría mi conexión con el nivel dévico. Entraba en mi consciencia una de las devas y se identificaba. Me daban instrucciones. Me indicaban qué semillas plantar; qué fertilizantes usar, cuán separadas tenían que quedar las semillas; cuándo eliminar plantas y cuánto espacio tenía que haber entre cada una de ellas; los espacios entre las hileras; la cantidad de luz necesaria...

A medida que cada una de las devas entraba en mi consciencia, notaba un leve cambio en la vibración, o sea, que cada una tenía su propio nivel de vibración. Después de un tiempo, podía reconocer cuál de las devas estaba entrando a mi consciencia. Esto me llevó a la capacidad de poder llamar devas específicas simplemente "dirigiendo" mi consciencia hacia el patrón vibratorio de la deva en cuestión. Era como si me encontrara frente a un inmenso sistema telefónico y tenía que aprender cómo realizar las distintas conexiones.

Un día, sentí una vibración muy diferente y descubrí que estaba en contacto con la Deva Supervisora del Jardín. Esta deva me habló de cosas tales como el diseño general del jardín, el tiempo adecuado para tomar distintas acciones, su progresión y su forma. Fue entonces cuando me informaron que debía cambiar mi método de jardinería y empezar a usar desechos orgánicos o pajote—esto requiere mantener sobre el suelo del jardín, en todo momento, unas seis pulgadas de heno, paja, grama cortada y hojas. Dos años más tarde, se me indicó que cambiara del sistema tradicional de hileras rectas en el jardín a un sistema de círculos concéntricos.

Después de una sesión prolongada con la Deva Supervisora del Jardín, me contactó la Deva del Suelo y me entregó información sobre la preparación del suelo que compaginaba con lo que había recibido de la Deva Supervisora.

El ejercicio de una deva tras otra contactándome fue un proceso continuo. Ninguna me entregaba el total de la información referente a sus áreas de especialización. Más bien, sólo recibía lo que necesitaba saber para tomar acción inmediata. Luego, más tarde, recibía más información. Después de cada sesión, anotaba en una libreta la información que me habían entregado, ya fuera algo práctico o alguna revelación especial. Luego, tan pronto como podía, actuaba en lo que fuera que requería que yo hiciera algo.

Para darles una idea del tipo de revelaciones e información que se recibe del reino dévico, voy a compartir algunos ejemplos de los mensajes. Recibí éste el 22 de marzo de 1977.

DEVA SUPERVISORA DEL JARDÍN

Te exhortamos a unirte a nuestro proceso creativo. Cuando plantes una semilla, invoca la deva y los espíritus de la naturaleza asociados con esa semilla. La semilla es el portal entre tú y las distintas energías que se juntan en el nivel dévico y que se entregan al cuidado de los espíritus de la naturaleza. Una vez has plantado la semilla, llama a la deva para que reúna todos los componentes individuales de energía de esa variedad. Pide que los espíritus de la naturaleza reciban las energías y, esencialmente, las integren y cimienten en la semilla. La semilla contiene el potencial de la planta perfecta. El cimentar la energía de la planta en la semilla activa ese potencial y lo transforma en una realidad. Al pedir que la energía asuma forma, observa cómo la energía toca la semilla cuando está siendo cimentada por los espíritus de la naturaleza.

Uniéndote a nuestro proceso creativo de esta manera, comenzarás a entender la importancia de trabajar con las energías de la naturaleza con toda claridad. Te exhortamos a que plantes el nuevo jardín con este nuevo método y verás la diferencia que genera tu clara participación, como socia co-creadora con nosotros, en la germinación de las semillas y la calidad del crecimiento de las plantas.

Cada uno de ustedes pueden recibir el mismo mensaje, pero como somos individuos, cada cual lo traducirá a su manera y de

forma distinta. No obstante, la esencia del mensaje dévico permanecerá intacto. La traducción precisa puede que cambie. Debido a mi personalidad, yo tiendo a traducir la información que recibo en términos de acción. Si no puedo actuar inmediatamente, anoto las palabras claves o frases para recordarme lo que tengo que hacer cuando comience a trabajar con la información. Dorothy MacLean, la persona que recibe los mensajes dévicos en Findhorn, los tradujo poniendo mucha atención en las palabras. Debido a su concentración e interés en la redacción, es capaz de reproducir los mensajes con toda la gracia y belleza lírica que emana de ellos. Para darles una idea de la diferencia, incluyo a continuación un segmento de la obra de Dorothy como ejemplo de cómo se escuchan los mensajes dévicos.

ÁNGEL DEL PAISAJE

A menudo te he dicho que pienses en las plantas en términos de vida, vida irradiante y resplandeciente, porque eso es lo que realmente son. Asimismo el suelo. Para nosotros es una masa de vida, cada diminuta célula o grupo de células con una función en el plan general de la vida.

La fuerza vital de vida del suelo proviene de la población del suelo. Es como si en un comienzo hubiera existido la oscuridad, o materia inerte, y luego se hizo la luz. La luz transformó la oscuridad sin la cual la luz no puede existir, porque la oscuridad, la materia, es la madre, la propia substancia. La transformación de la materia o minerales en una forma capaz de recibir un nivel de vibraciones más elevado, lo que tú llamas evolución, comienza a los niveles más bajos y continúa hasta los más altos.

La población del suelo desempeña un papel vital en todo esto. El proceso natural en que el patrón de una planta se convierte en forma es mediante el uso del suelo, agua, calor y aire. Todos estos elementos son integrados en la forma por los trabajadores invisibles que se encargan de cada uno de ellos. Estos son los que tú llamas la población del suelo, a un nivel, o hadas y duendes en otro nivel. Los elementos necesarios en el suelo se materializan a través de los hongos, por eso es que los mitos de hadas y las setas, o bejín, están relacionados.

Cuando los humanos desean emprender una creación mediante pensamientos controlados, dependiendo con cuánta energía logran mantener ese patrón en sus pensamientos, el proceso puede acelerarse y los elementos necesarios pueden materializarse casi sin tomar en cuenta el tiempo y el espacio. Esto es lo que puede lograr la cooperación entre humanos y nuestro reino.

ÁNGEL DEL SONIDO

Cada planta emite una nota que atrae a su constructor hacia ella y es, a su vez, un llamado a otras substancias a través de los espíritus de la naturaleza. Las devas conocemos las notas individuales de todo lo que tenemos a nuestro cuidado, y emitimos esas notas, igual que un diapasón, para que sean recogidas por cada planta. Cuando la semilla está lista a germinar, la humedad y el calor no son los que emiten esa nota de vibración —somos nosotros quienes controlamos eso. Lanzamos la semilla en su curso y mantenemos su nota presente para que pueda seguirla a través de su proceso. Esa nota cambia con las distintas etapas de crecimiento, igual que la voz de un hombre cambia a medida que madura.

DEVA DE LAS ESPINACAS

A medida que tus pensamientos crean orden y unidad, a medida que se alinean con el todo, también las fuerzas del jardín se alinean, y lo que no pertenece desaparecerá. Mientras tú mantengas presente la perfección de cada planta, eso es lo que se manifestará.

Podemos trabajar con mayor efectividad cuando contamos con tus pensamientos creativos que protegen y alimentan cada planta. Es tu jardín, tú eres su creadora, nosotras sólo ayudamos a medida que cada semilla o planta lo necesita. El resultado final depende de la fuerza interior que tú inviertes en el jardín.

ÁNGEL DEL PAISAJE

Nosotros vemos la vida en términos de la fuerza interna, mientras que tú sólo ves la forma externa y no puedes ver el proceso continuo que se está llevando a cabo. Quisiéramos que trataras de pensar sobre nuestros términos, porque esto facilitaría las cosas para ambos—tú lograrías acercarte más a la realidad y también podrías entendernos mejor.

Estas fuerzas internas son tan complejas como las externas, como lo es la forma, color, textura, etc., pero comprenden de una substancia más fina y rica. Cuando mires una planta, debes saber que lo que ves cuenta con una contraparte interna que está pulsando con la vida que tú ves, y mucho más. A medida que te familiarizas más con este concepto y piensas en las plantas como centros irradiantes de luz, añades a su fuerza interna y a la vez estás valiéndote de la Fuente de toda vida, generando más y más poder, y más y más vida. Eso es lo que todos deseamos.

DEVA LILIUM AURATUM

Consideramos que ya es tiempo que el hombre comience a incluir en su horizonte las distintas formas de vida que son parte de su mundo. El hombre ha estado forzando sus propias creaciones y vibraciones en el mundo sin tomar en consideración toda la vida que forma parte del total, que igual que él, han sido puestas aquí mediante un plan y propósito divino. Cada planta, cada mineral tiene su propia contribución al todo, igual que es el caso de cada alma. El hombre no debe considerarnos más como formas de vida inferiores, sin inteligencia, y por lo tanto algo con lo cual no necesita comunicarse.

La teoría de evolución que ubica al hombre en la cima de la pirámide de vida en la Tierra es sólo correcta cuando se analiza desde ciertos ángulos. Pero eso ignora el hecho que Dios, la consciencia universal, opera a través de todas las formas de vida. Por ejemplo, según lo generalmente aceptado, yo soy un lirio insignificante, incapaz de tener consciencia de nada y ciertamente incapaz de entablar conversación con nadie. Pero de alguna manera, en algún lugar existe la inteligencia que nos convierte en hermosas flores y continúa haciéndolo; de la misma forma que de alguna manera, en algún lugar, existe la inteligencia que produce el complejo cuerpo del hombre.

El hombre no está consciente de gran parte de su inteligencia interna y por eso gran parte de sus propios cuerpos están fuera de su control. El hombre está consciente sólo de una parte de sí mismo, y de esta manera , sólo está consciente de una parte de la vida que lo rodea. Pero es posible entablar contacto con el creador interno y su alrededor. Existen una gran variedad de niveles de consciencia, todas procedentes de la misma Fuente, la Fuente que constituye la consciencia en todos y cuyo plan es que todos los componentes de vida adquieran mayor consciencia unos de los otros y las unidas en el gran movimiento progresista que es la vida, toda la vida, para que puedan seguir evolucionando hacia una mayor consciencia.

Consideren el lirio, consideren todo lo que comprende, y permítanse crecer en la consciencia, unidad y amor de esa Fuente única.

Casi todas las noches cuando Clarence regresaba del trabajo, le contaba sobre lo que había aprendido del reino dévico ese día. Desde el comienzo, el concepto que existía inteligencia en la naturaleza le pareció perfectamente lógico.

Una noche, mientras le estaba hablando sobre las devas, se formó un arco de luz claramente en mi campo de visión. Clarence estaba sentado al otro lado de la habitación en un sillón, de frente a mí, y justo hacia su izquierda estaba el arco. Era de unos cuatro pies de altura, y unas cuatro pulgadas de ancho, en forma de media luna. Al principio pensé que era todo una creación de mi mente, después de todo, era tarde en la noche. Traté de enfocar mi vista más en el rostro de Clarence para evitar que esta "cosa" me distrajera. Pero continuaba pulsando luz en mi dirección. Finalmente, me reí, admitiendo derrota entre mí misma, y le dije a Clarence que no podía terminar la conversación mientras siguiera pulsando hacia mí esa "cosa". Entonces le describí lo que estaba viendo. Él me dijo que había estado sintiendo una presencia a su lado, pero que no podía ver nada.

Francamente, no tenía idea de lo que podía ser. ¡Así que le ofrecí una tasa de té! Lo cual hizo que pulsara con mayor intensidad. Cerré mis ojos, primero el derecho, luego el izquierdo, para ver si era algo en mis ojos lo que estaba produciendo la extraña visión. No eran mis ojos. Clarence salió de la habitación para preparar té —para nosotros dos, no para nuestro huésped— y mientras estaba ausente, presté total atención al arco de luz. Se tornó más brillante todavía, y, con gran sutileza, me sentí sobrecogida por un sentido de consciencia. La luz de la energía estaba tocando mi interior. Se identificó como una deva y me dijo que estaba ahí para mostrarme que las devas son reales.

Fue en este momento que las devas y yo, formal y plenamente, establecimos nuestra conexión.

Cuando Clarence regresó, continuamos nuestra conversación, con la deva todavía ubicada a su izquierda. A medida que hablábamos, el arco de luz fue lenta y suavemente desapareciendo de mi campo de visión y consciencia, hasta que ya no lo podía ver más.

En febrero, me indicaron que fuera al bosque a medianoche hasta donde un roble específico. Tenía que sentarme frente al árbol y apoyar mi espalda contra él. Había nieve en el suelo y un viento fuerte que helaba los huesos, pero me abrigué bien y salí hacia el roble. Puse un banquillo al lado del tronco, y me senté con mi espalda contra el árbol.

En menos de un minuto sentí una extraña energía emanando del árbol hacia mi espalda. Mi cuerpo comenzó a llenarse, así que para evitar sentirme como si estuviera en medio de una gran masa, decidí valerme de mi respiración para hacer fluir mi propia energía hacia el árbol. Fue una sensación muy placentera —estabilizante y confortante. Mi cuerpo se puso tan caliente que cuando regresé al árbol a la noche siguiente, tal como se me indicó que hiciera, ya no me tomé la molestia de ponerme un abrigo.

Continué esta rutina durante dos semanas. Luego me indicaron que dejara de hacerlo.

Durante ese período, se nos estaba terminando la leña para la estufa de madera que usábamos para calentar la casa, y Clarence necesitaba encontrar árboles apropiados para cortar y reabastecernos. Me indicó la Deva de los Bosques dónde había un árbol muerto, de unos treinta pies y, totalmente seco, que resultaba ideal para nuestras necesidades. También se me informó que podíamos pedir la ayuda de los espíritus de la naturaleza para talar el árbol sin causar daños.

Tal como se me había indicado, encontramos el árbol en lo más profundo del bosque. Estaba ya inclinado hacia un lado, limitando así la dirección de la caída. Pero si el árbol caía exactamente derecho, no causaría daño alguno. Si al caer lo hacía un par de pulgadas hacia la derecha o izquierda del área de esa línea recta, provocaría daños a toda una serie de árboles saludables.

Le conté a Clarence lo que estaba aprendiendo respecto al papel que desempeñan los espíritus de la naturaleza. Le sugerí que cuando estuviera listo a hacer caer el árbol, que en voz alta le pidiera a los espíritus de la naturaleza lo que quería ver ocurrir con el árbol y cómo quería que cayera.

Temprano una mañana, Clarence se encaminó hacia el bosque. Yo estaba recién despertando cuando escuché un tremendo grito: "¡No! ¡No! ¡Cuatro pies hacia la izquierda!" Unos dos segundos después, escuché un gran estruendo que hizo temblar la casa, y unos segundos después, sentí que alguien me daba un beso en la frente. Un beso, claro y preciso, en mi frente. No había forma de confundirlo con una mosca, o el viento. Entonces escuché claramente una voz diciéndome que habíamos "pasado la prueba", la prueba con el árbol, y que ahora estábamos formalmente conectados con los espíritus de la naturaleza en Perelandra. Mi experiencia con la energía del roble había sido en preparación para este momento. Fue un espíritu de la naturaleza quien me dio el beso.

Clarence entró a la habitación con una expresión de gran perplejidad y me explicó lo que había sucedido con el árbol. Le había pedido ayuda a los espíritus de la naturaleza, tal como yo le había sugerido, luego había cortado el árbol con mucho cuidado para asegurarse que caería de la manera correcta. Pero cuando comenzó a caer notó que iba a caer lejos de donde debía—unos cuatro pies hacia la derecha. A raíz de nuestras conversaciones, se había convencido tanto de la realidad de los espíritus de la naturaleza, que cuando se vio ante la crisis, su reacción inmediata fue gritarles exactamente lo que quería ver suceder con el árbol. A mitad de la caída, en el aire, el árbol de treinta pies había cambiado de dirección cuatro pies hacia la izquierda y caído exactamente donde debía.

La descripción del trabajo de los espíritus de la naturaleza podría ser lo que, literalmente, en Estados Unidos se llaman los "trabajadores de cuello azul", o sea, el profesional. Son las devas quienes aglutinan los diferentes componentes de una planta. Una vez se forma el "paquete" de energía, entonces las devas ofrecen "soporte" a ese paquete para que se mantenga unido a medida que se "desplaza" de un nivel a otro, cambiando y ajustando sus vibraciones para ajustarlo a la densidad de las vibraciones de la Tierra. Una vez uno de estos paquetes llega al nivel etérico alrededor de la Tierra, los espíritus de la naturaleza asumen control. Es la responsabilidad de los espíritus de la naturaleza, no sólo recibir el "paquete" de energía, sino también darle su debida forma. Son ellos los que infunden luz, esencia y patrón de vida a la planta.

La dinámica de las devas es universal. Mi Deva de las Zanahorias es la misma que la Deva de las Zanahorias que pueda contactar cualquier otra persona. Los espíritus de la naturaleza son regionales. Los espíritus de la naturaleza en Perelandra, no son los mismos que operan en otras áreas.

Los espíritus de la naturaleza, igual que las devas, son cuerpos de energía de luz. Pero como operan en mayor proximidad a la tierra y su densidad, la vibración de su energía genera una sensación de mayor densidad que la energía dévica. Igual es una experiencia muy elevada para el hombre sentirlo. Los espíritus de la naturaleza no se sienten como la energía de las rocas. Simplemente es una energía más densa que la de las devas.

A través de los años, cuando le he hablado sobre todo esto a otras personas, muchos me comentan que ellos también han tenido experiencias con el mundo dévico, pero después de escuchar sobre sus experiencias me doy cuenta que lo que en realidad han experimentado son encuentros con espíritus de la naturaleza y los han confundido con devas porque nunca se imaginaban que podían sentir vibraciones tan altas de los espíritus de la naturaleza.

Los espíritus de la naturaleza son los responsables por el bienestar de las plantas, animales y minerales. Son los que mantienen calidad en la fusión entre forma y las energías de vida que

comprenden esas formas. Si yo deseara cambiar el color de una zanahoria, buscaría lograr el cambio a nivel dévico. Eso es parte del patrón de la zanahoria. Sin embargo, si quiero preparar el suelo para que la zanahoria crezca a la perfección, entonces tengo que recurrir a los espíritus de la naturaleza para que me ayuden, porque ellos trabajan directamente con las formas ya existentes.

Leí que en Findhorn, se había designado un área especial para uso de los espíritus de la naturaleza. Era un lugar donde los humanos no entraban, se dejaba en estado totalmente silvestre. Yo sentía que tenía que hacer lo mismo en Perelandra. De modo que seleccioné un lugar al margen del bosque, junto al jardín, y le puse una cuerda alrededor como indicio de la designación como un área exclusivamente para los espíritus de la naturaleza. Después de ponerle una cuerda alrededor, me paré en medio del área e invité a los espíritus de la naturaleza a que vinieran a este lugar especial que llamaría el "Anexo Elemental". Inmediatamente, sentí llegar una gran cantidad de energía y escuché: "¡Por fin, ahora podemos comenzar a trabajar!" Sintiéndome totalmente fuera de lugar, suavemente salí del área. El Anexo Elemental es ahora la base de operaciones de los espíritus de la naturaleza en Perelandra.

Gracias a siglos de tradición, cuentos de hadas y folclore, muchas personas piensan en los espíritus de la naturaleza como duendes, ninfas, gnomos, ángeles o hadas... los "pequeños" habitantes de los bosques. Yo experimento los espíritus de la naturaleza como esferas de energía de luz que giran en espiral. He caminado por los bosques con una de estas "esferas de energía" desplazándose junto a mí, y, cuando es necesario, me he movido alrededor de un árbol mientras la esfera de energía lo atraviesa. Mi visión interna—visión psíquica, como lo llaman algunas personas—favorece el área de campos de energía. O sea, tiendo a ver olas de energía, dinámica de energía y los intercambios de energías; de hecho, tiendo a analizar la realidad que me rodea más en términos de energía que de forma. De modo que me siento cómoda con el concepto de una realidad de distintos niveles de energía. No obstante, no me sentía así de cómoda con el concepto de hadas, ninfas, duendes y gnomos. Como de niña me especialicé en libros de caballos, simplemente no contaba con el conocimiento de todos esos cuentos de hadas y folclore. Así que, tomando en consideración mi limitación, cuando los espíritus de la naturaleza optaron por tornarse visibles ante mí, lo hicieron dentro del contexto con el cual yo me sentía cómoda—energía. Si me hubiera visto frente a un duende o gnomo que se acercaba a mí, definitivamente me habría hecho internar en el manicomio más cercano.

Los espíritus de la naturaleza muy raras veces optan por tornarse visibles ante un humano, y cuando lo hacen, es porque tienen un propósito específico. Entre otras razones, puede ser para proveer a la persona ante la cual aparecen una prueba tangible de su existencia, o puede ser un momento de gran celebración sobre algo que se ha logrado entre los espíritus de la naturaleza y el humano en cuestión. He aprendido que no pueden ser forzados mediante la voluntad o deseo de un humano a hacerse visibles. Si de hecho se aparecen, es porque *ellos* consideran importante hacerlo.

También he aprendido de los espíritus de la naturaleza que, en efecto, sí aparecen ante humanos en la forma de duendes, hadas, ninfas, gnomos, etc., pero sólo con personas que se sienten cómodas con tales conceptos. Para lograrlo se valen de nuestros propios pensamientos. Por ejemplo, los humanos hemos desarrollado una gran tradición sobre la apariencia de un duende. Contamos con libros, relatos y concepciones artísticas, que nos detallan minuciosamente la apariencia de estas pequeñas criaturas. Esos pensamientos, con los más precisos detalles, dejan al hombre y se convierten en parte del cuerpo etérico del la Tierra—el nivel en el cual las formas de nuestros pensamientos se mantienen "suspendidas". Cuando un espíritu de la naturaleza desea tornarse visible ante alguien, tiene acceso a ese cuerpo etérico de la Tierra y puede usar esas formas creadas por los pensamientos humanos, o combinaciones de ellas, para ayudarle a asumir forma—para crear un cuerpo a través del cual pueden aparecer en forma visible. Por eso, es muy posible que alguien que realmente ha visto a los espíritus de la naturaleza diga que ha visto "un duende".

Pero esta moneda cuenta con un lado inverso. He conocido a muchas personas que dicen haber visto espíritus de la naturaleza. Cuando me cuentan sobre la interacción que ha tenido lugar entre ellos en esos momentos, me he dado cuenta que en realidad no estaban viendo verdaderos espíritus de la naturaleza. La clave está en que el hombre *no puede forzar* la aparición de un espíritu de la naturaleza. Pero hay personas que quieren con tanta ansiedad verlos, que terminan creando con sus pensamientos, sus propias formas animadas. Son visibles y se mueven. La mayoría de las veces, esta "aparición" hace que la persona se sienta incómoda. Esa es la otra clave. De los espíritus de la naturaleza fluye una constante energía de amor. Cuando he experimentado la decepción, incluso ira, de los espíritus de la naturaleza, siempre he sentido esas emociones en medio de un contexto de gran amor. En los diecinueve años que llevo trabajando con los espíritus de la naturaleza en forma directa, nunca he sentido miedo o nerviosismo cuando me encuentro entre ellos. *Siempre* he sentido gran amor, protección y preocupación de ellos hacia mí.

Los humanos apenas comenzamos a entender nuestro propio poder. No nos damos cuenta de que con nuestros deseos, intensos deseos, podemos crear formas con nuestros pensamientos que pueden moverse. Como se trata de cosas creadas por nosotros mismos, también les conferimos sus características—incluso sus características emocionales. Así que la persona que considera que un duende puede ser cruel, es porque ha creado un duende cruel. Es esa forma de nuestro pensamiento lo que entonces comienza a asustarnos.

Los espíritus de la naturaleza gozan de reputación muy dudosa porque los confundimos con las formas que creamos con nuestros pensamientos. Lo cierto es que forman parte de la contingencia de guardianes de la vida en la Tierra. Tienen a su cargo constantemente lidiar con las fuerzas de vida. No es su propósito negar la vida. Y no es, nunca, parte de sus personalidades el provocarnos pánico.

Otra cosa sobre los espíritus de la naturaleza: son entidades sumamente poderosas. Son responsables de la existencia de todas las formas que nos rodean. En un abrir y cerrar de ojos pueden eliminar una forma. Los espíritus de la naturaleza pueden ser muchas, muchas cosas, pero no son nunca, *nunca*, algo "mono". Tampoco podemos controlarlos de forma alguna. Ellos buscan una sociedad creativa con el hombre, y están en posición de no aceptar ninguna otra cosa.

En febrero, se me hizo entrega del diseño del jardín. Comenzando en un extremo, puse las hileras dentro de los espacios que me indicaban desde el nivel dévico. Dondequiera que tenía que haber una hilera, ponía un palo como marca en el suelo, con una etiqueta indicando lo que habría de sembrarse en esa hilera. En años anteriores, me tomaba todo un día completar esa labor. Con la ayuda del nivel dévico, el proceso me tomó una media hora.

Algunas de las semillas las sembré primero en pequeños recipientes en interiores—los tomates, pimientos verdes, brócoli, col, repolllitos de bruselas y coliflor. Sembré cada vegetal de acuerdo con las instrucciones que recibía. Entonces hacía un llamado a las devas y espíritus de la naturaleza a cargo de cada vegetal específico para cimentar las energías necesarias en las semillas. El resultado fue impresionante. Nada tomaba más de dos días en germinar. Los tomates germinaban y contaban con sus primeras hojas es menos de dos días. Las pequeñas plantas luego crecían el doble de lo normal. La calidad del color de las plantas era brillante. Existe una diferencia entre las tonalidades de verde que genera el brócoli, la col, los repollitos de bruselas y la coliflor. Ahora esas diferencias eran claras como el cristal. Cuando tocaba las plantas, las hojas se sentían como acolchonadas. Era casi como si las hojas apenas pudieran contener la

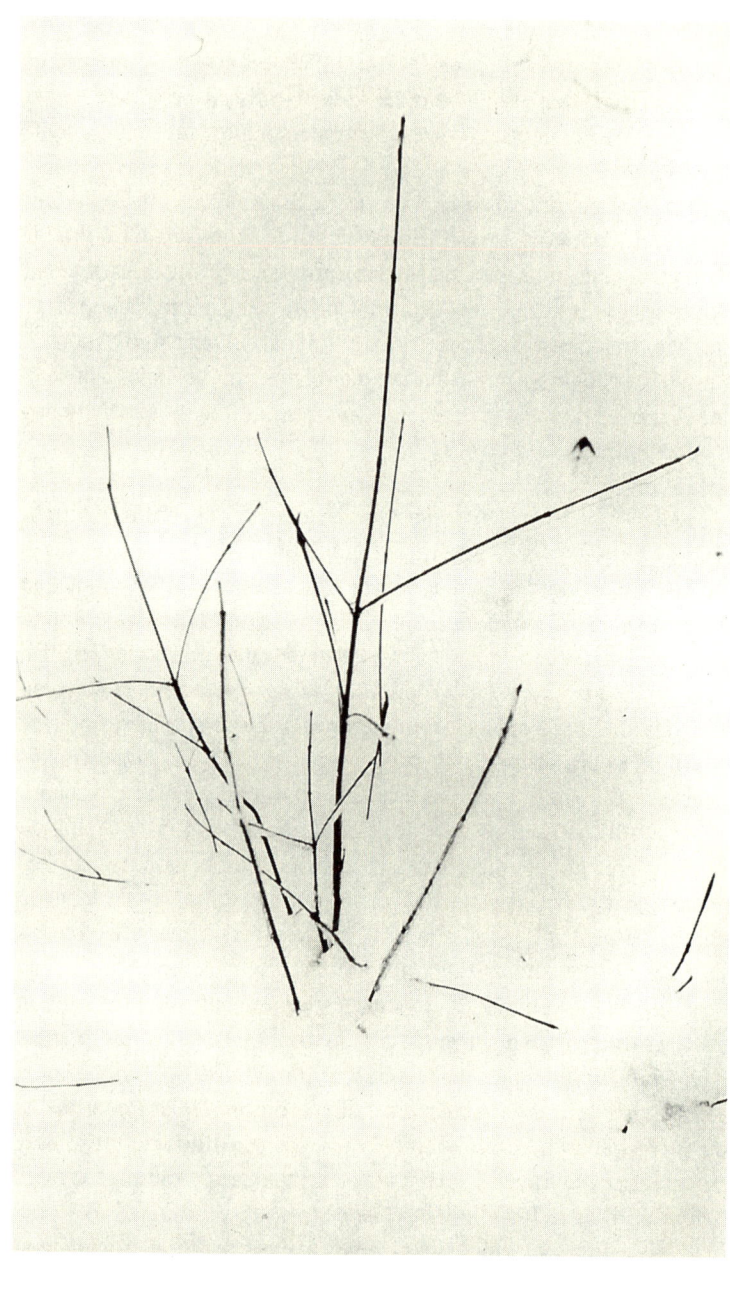

vida que se encontraba en la planta, y al tocar las hojas era como si brotara de ellas esa fuerza de vida.

A comienzos de marzo, un mes antes que el año anterior, pude transplantar todo al jardín, excepto los tomates y los pimientos verdes. También se me indicó que comenzara a transplantar a las 10 p.m. en un día específico. Pasé los días previos a esa fecha preparando las plantas para la gran mudanza, poniendo los recipientes todos los días en el exterior para que se acostumbraran al frío y viento.

En la noche indicada, llevé los recipientes al jardín y comencé a trabajar. La luna estaba brillante, permitiéndome ver claramente lo que estaba haciendo.

Los espíritus de la naturaleza comenzaron a darme instrucciones sobre cómo sembrar sin provocar trauma en las plantas. Me explicaron que en la noche la energía de la planta se encuentra en las raíces, haciendo que sea preferible el trasplante. Durante el día la energía se desplaza a las hojas y tallos. En términos humanos, la planta, en la noche, se encuentra en un estado similar al sueño. Si trabajaba callada, cuidadosa y lentamente, el trasplante se podía realizar sin alterar ese estado. Esto quería decir que el ritmo de crecimiento de la planta no se vería perturbado de manera alguna.

De modo que ahí me encontraba yo, a la luz de la luna, con mi abrigo, sombrero y guantes de invierno, trasplantando en cámara lenta. Usé un tenedor de cocina para cavar hoyos lo suficientemente grandes para las raíces, cuidándome de no perturbar el suelo más de lo necesario.

A medida que trabaja en esta condición de extrema lentitud, sentí penetrarme una gran sensación de paz. Era como si estuviera experimentando el método de alumbramiento no-violento que popularizó LeBoyer. Estaba trabajando bajo la sutil luz de la luna. No habían ruidos. Todos los movimientos los realizaba con mucho cuidado. Podía sentir que las plantas no estaban siendo perturbadas.

Trabajé de esta manera hasta las 3 a.m., cuando finalmente

completé el trabajo. Salí del jardín en un profundo estado de paz y tranquilidad interna, que sólo he podido repetir en otra ocasión en mi vida desde entonces.

A pesar del crudo frío y viento de marzo, las pequeñas plantas continuaron creciendo a un ritmo sumamente acelerado. En las noches en que se anticipaban fuertes heladas, le pedía a los espíritus de la naturaleza que protegieran a las pequeñas plantas, y a la mañana siguiente salía a descubrir que una capa de hielo cubría todo, excepto las pequeñas plantas en el jardín.

Según progresaba la estación para sembrar en abril y mayo, recibí información de los niveles dévicos sobre cuándo sembrar semillas específicas. Luego preparaba cada hilera con la ayuda de los espíritus de la naturaleza, sembraba las semillas, pedía que se cimentaran las energías en las semillas y le daba la bienvenida a cada nueva energía que llegaba al jardín.

Lo primero que noté fueron las diferentes dinámicas, diferentes sensaciones, de cada nueva energía vegetal con la que entraba en contacto. Pero nada me sorprendió realmente, hasta que me puse en contacto con la Deva de las Cebollas. Había escuchado en el pasado que la mayor intensidad de energía en las plantas pequeñas la tienen las hierbas. Eso no significaba mucho para mí, hasta que experimenté la energía tan fuerte de la Deva de las Cebollas, y la potencia de su comunicación fue lo más intenso que había enfrentado hasta entonces.

Ya anteriormente había decidido que, por motivos de niveles de energía, era beneficioso para el jardín incluir zanahorias. En ese entonces, el suelo de mi jardín era más que nada barro rojo— Virginia se distingue por ese brillante barro rojo. A pesar de haber trabajado con el suelo para que fuera aceptable para la mayoría de los vegetales, todavía no podía conseguir que crecieran zanahorias. En cierto modo era como pedirle a las zanahorias que crecieran abriéndose paso entre medio de ladrillos. Pero ese año, decidí que sería beneficioso incluir la energía de las zanahorias, sin preocuparme de cosechar el resultado para comer.

Los espíritus de la naturaleza estaban tan satisfechos porque mi decisión se había basado en razones de energía, no necesidades alimenticias, que decidieron celebrar y mostrarme su satisfacción. Cuando pedí que la energía de la zanahoria se cimentara en la semilla, los espíritus de la naturaleza respondieron—¡poniéndome zanahorias en cada hilera del jardín! Cuando abrí los ojos y miré hacia el jardín descubrí que había pequeñas plantas, de unas tres pulgadas de alto, literalmente por todas partes.

Miré alrededor estupefacta durante varios minutos y luego dije: "¿Esto es una broma, verdad? ¡Se están sólo divirtiendo a mis expensas!" (Yo sabía sobre las bromas de los espíritus de la naturaleza).

Como no me interesaba tener un jardín de otra cosa que zanahorias, decidí que iba a seguirles el juego. Así que abrí mis brazos, y con gran concentración, con mis manos "recogí" toda la energía de las zanahorias en las distintas hileras hacia la hilera donde yo había sembrado las semillas, y dije: "No, no. Quiero cimentar la energía en esta hilera solamente, gracias".

Instantáneamente, las plantas de zanahorias en esa hilera alcanzaron seis pulgadas de alto—aproximadamente 10 minutos después de haber sembrado las semillas—y las plantas de zanahorias que habían brotado en las demás hileras simplemente cayeron marchitas formando parte del resto del pajote que cubría el suelo.

Como parte de mi esfuerzo para lograr suelo adecuado, hice un llamado a las lombrices de tierra. Cuando llegó el momento de preparar las hileras para plantarlas, descubrí una gran cantidad de lombrices donde quiera que me proponía preparar el suelo. Eran buenas noticias. Las malas noticias era que me resultaba imposible trabajar el suelo sin cortar lombrices a la mitad. Sentí que era una situación en la que aparentemente mi solución era peor que el problema. Quería las lombrices, vinieron, y ahora las estaba descuartizando. Me sentí frustrada y enojada ante la situación. Dejé de trabajar en el suelo, salí del jardín y anuncié en voz alta: "Voy a tomarme una taza de té y descansar unos 15 minutos, cuando regrese, quiero que todas las lombrices en esta hilera (apuntando hacia la hilera en la que estaba trabajando) se hayan ido. Pueden estar en cualquier lado de la hilera, pero no en ella".

Enojada me fui a tomar mi taza de té, sin grandes esperanzas de que pasaría nada especial.

Regresé, tal como había anunciado, en quince minutos y de nuevo comencé a trabajar en la misma hilera. Las lombrices se habían ido de toda la hilera. Estaba tan sorprendida como lo habría estado cualquier persona cuerda ante estos acontecimientos—y honestamente incluso me asustó un poco.

Terminé de trabajar en el suelo y pensé: si puedo ordenar a las lombrices que se vayan, entonces puedo invitarlas ahora a que regresen. De modo que, en voz alta, dije: "Bien, todo está listo. Ahora las invito a que regresen a la hilera. Les doy 10 minutos para hacerlo".

Me senté, esperé los diez minutos y regresé a la hilera. Saqué varios puñados de tierra y descubrí que, de nuevo, estaba llena de lombrices.

Esta experiencia me dio una idea. Los topos habían invadido nuestro césped. Después de ver lo que había sucedido con las lombrices, me senté en la grama, me concentré y tranquilicé internamente para pedir ser conectada con la Deva de los Topos. Sentí un cambio considerable, pero ninguna respuesta. Confiada que había logrado entablar la conexión, expliqué el caso que tenía con los topos y por qué quería que salieran del área de mi césped. Expliqué que no quería que los topos se fueran de Perelandra, que entendía que eran parte integral del ciclo del vida de Perelandra. Pero, ¿sería posible que consideran la posibilidad de vivir en el bosque o en el campo abierto que había a unos 200 pies de la casa? En cualquiera de los dos lugares podían vivir sin verse perturbados en forma alguna. Luego sugerí que salieran de mi césped alrededor de las 9 p.m. Entendiendo que los topos con toda seguridad no sabían leer el reloj, cambié mis indicaciones a la hora del crepúsculo, para que pudieran moverse hacia sus nuevas áreas de vivienda sin que ninguno de nuestros perros o gatos fueran a hacerles daño—ya que a ambos les gustaba mucho matar topos. En las horas del crepúsculo nuestros animales domésticos estarían en la casa durmiendo después de comer.

Igual, todavía no escuchaba nada de la Deva de los Topos.

Asumiendo que había fracasado en mis esfuerzos, regresé al jardín. Pero una media hora más tarde, comencé a escuchar ruido de hojas. Miré y vi toda una banda de topos—por lo menos unos 100—escurriéndose hacia la orilla del bosque en dirección al área de campo abierto que yo había indicado. Tanto los perros, como los tres gatos, salieron corriendo hacia el área de conmoción, y al ver que no había nada que yo pudiera hacer para detener los cinco animales en medio de total euforia, les grité a los topos: "¿No les dije que al crepúsculo?"

Fue igual que poner a un niño en medio de una montaña de cuatrocientos pies de dulces. Ante la aparición de cien topos los circuitos mentales de nuestros animales recibieron tal sorpresa que no se movían. Permanecieron congelados en un sólo lugar, emitiendo sonidos y rascándose en medio de total frustración, mientras que los topos continuaban su carrera hacia su nueva residencia a campo abierto.

A mediados de mayo, descubrí que Peter y Eileen Caddy, dos de los fundadores de Findhorn, iban a venir en una gira por los Estados Unidos y estarían dando una charla en Virginia a fines del mes. Sabía que tenía que ir a ver a estas personas cuyos libros habían alterado de manera tan drástica mi vida. Clarence pidió tiempo libre en su trabajo, y juntos fuimos al seminario todo un día.

Recibí dos importantes datos de los Caddys ese día. Primero, hablaron sobre un programa de estudios de tres meses que se ofrecería ese invierno en la comunidad de Findhorn llamado "La esencia de Findhorn". Mientras hablaban sobre el seminario, sabía que tenía que ir a Findhorn a participar en ese programa. Segundo, le pregunté a Peter qué podía hacer una persona que ya

había entablado conexión con las devas y espíritus de la naturaleza pero estaba agotada tratando de hacer todo lo que le pedían que hiciera. (Desde mi conexión original con las devas en enero, me había propuesto hacer todo lo que me decían, lo antes posible. Mis días estaban totalmente a la merced de las devas, y me sentía realmente agotada). Peter me respondió con una oración muy simple y corta.

"Recuerda que *tú* eres la creadora del jardín".

De regreso a mi casa, me repetí una y otra vez que *yo* era la creadora del jardín... *Yo* soy la creadora del jardín... Para cuando llegué a la casa, me había convencido de que *yo* era la creadora del jardín.

Nunca fue la idea que yo habría de asumir una posición de sirviente. En vez, se trataba de una relación de igualdad en sociedad con las devas y espíritus de la naturaleza. Igualdad en sociedad. Eso significaba que yo tenía que enfrentar mi propio poder y no verme como alguien menos que las devas y espíritus de la naturaleza. Yo era diferente a ellos, pero no menos que ellos.

En meditación, cuando presenté mi dilema a las devas, me dijeron que la relación que ellas quieren entablar con los humanos es una de sociedad co-creativa, en igualdad. Entonces entendí que mi posición era similar a la de un conductor de orquesta cuya función es coordinar todas las partes individuales para lograr un todo armonioso. Esa era mi responsabilidad en Perelandra.

También me dijeron que tenía que aprender a usar mi poder de manera armoniosa con todo lo que me rodeaba, produciendo así esa relación de co-creatividad. Tenía que aprender que si mi poder alcanzaba niveles desproporcionados en relación con el todo, entonces mi trabajo se tornaba en manipulación, no co-creación. También aprendí que una de las principales razones por las que la Tierra está atravesando actualmente por tantas crisis ecológicas es debido a que el hombre, en su ignorancia y arrogancia, se ha dedicado a ejercer su poder como manipulador de todo lo que le rodea.

Llegué al jardín al día siguiente con una actitud totalmente diferente. Estaba preparada a asumir mi posición de socia—y llegué preparada a aprender qué significaba eso. Primero anuncié en voz alta que no estaba disponible para realizar pequeños proyectos a las tres de la madrugada. Yo necesitaba ocho horas completas de sueño y tiempo para mi relajamiento personal. Así que una vez que salía del jardín al anochecer, mi "oficina" se cerraba. No estaría disponible para continuar ningún tipo de labor hasta al día siguiente después de las 10 a.m.

La respuesta que recibí fue de agradecimiento. Tanto las devas como los espíritus de la naturaleza, no son humanos, y por lo tanto necesitaban que yo les dijera cuáles eran mis necesidades—*mis* condiciones de trabajo. Estaban más que dispuestos a ajustar sus contactos conmigo y tomar en cuenta mis singularidades. No era que no que conocían mi alma y mi personalidad. De hecho, era el estar familiarizados con mi "yo interno" lo que les permitía proveerme información, revelaciones y lecciones que resultaban perfectas para mí. Pero a nivel físico, yo me expreso a través de una forma humana—una experiencia que ellos no comparten. Era importante en nuestra sociedad que yo entendiera quién era yo y cómo funciono—para poder compartir esa información con ellos.

Para junio, había desarrollado una rutina diaria consistente. Cada mañana me sentaba en un banquillo cerca del jardín con mi taza de té. Primero, hacía contacto con el nivel dévico entablando conexión con cada una de las devas representadas en el jardín, a fin de descubrir las necesidades a las cuales tenía que atender en cada hilera, y en algunos casos, cada planta. Usaba esa información para organizar mi trabajo del día. Entonces me abría a la comunicación con los espíritus de la naturaleza, y juntos trabajábamos todo el día en esas labores.

Todo el tiempo que me encontraba en el jardín, permanecía muy callada. Esto permitía que en medio de mis labores recibiera revelaciones sobre lo que estaba haciendo y por qué. De modo que mi trabajo en el jardín era realmente como un salón de clases.

Llegué a este jardín con cierta cantidad de conocimiento previo sobre la jardinería porque durante dos años me había dedicado a la siembra orgánica y había leído mucho sobre jardinería y ecología. De esto forjé un archivo interno de conocimiento que se llama "lógica". Este sentido de lógico ahora no tenía relación alguna con lo que estaba haciendo en el nuevo jardín y más que nada era una limitación. Una limitación que tenía que superar para poder crear una nueva consciencia. Para tal fin, las devas y espíritus de la naturaleza estaban constantemente ofreciéndome lecciones específicamente diseñadas para romper mi viejo sentido de lógica, mi limitación. Consecuentemente, muchas de las cosas que sucedieron ese verano de 1977 a menudo eran impresionantes, sobresaltantes, siempre sorprendentes, logrando así destruir mi marco de referencia. Todo lo que parecía ser imposible e ilógico había ido tornándose totalmente razonable—lógico.

Mi única decepción era que no podía compartir la misma situación de Findhorn: un jardín que floreciera bajo circunstancias completamente adversas, pudiendo así probarme a mí misma (y todos los demás) que algo fuera de lo normal y diferente estaba ocurriendo en mi jardín. Los jardines de Findhorn florecen sobre arena. Es cierto que yo tenía mis propios problemas con el barro rojo de Virginia, pero no era nada tan dramático (o impresionante) como es la arena.

Pero en junio, el gobierno federal anunció que toda la costa este de los Estados Unidos estaba sufriendo de condiciones de extrema sequía, y varios estados (incluyendo Virginia) fueron declarados áreas de desastre agrícola que podían solicitar asistencia del gobierno. Incluso con este anuncio, yo no me impresionaba con lo que estaba ocurriendo en mi jardín. Me preocupaban más los problemas de los agricultores del área cuyos campos se estaban quemando bajo el sol. Pero el jardín de Perelandra contaba con una capa de materia orgánica (heno, hojas y paja) y, según lo que yo había leído sobre la jardinería con este tipo de base, esto era una protección contra la sequía. Lo que finalmente me llamó la atención fue la llamada de una vecina para decirme que su jardín, con la misma base que el mío, se había quemado. Fue entonces que me di cuenta que sí estaba trabajando bajo condiciones adversas, y mi gran prueba habría de ser si iba a poder mantener el jardín saludable usando mis conexiones con las devas y espíritus de la naturaleza.

A medida que avanzaban los meses del verano, la sequía empeoró. El jardín de Perelandra seguía creciendo verde y abundante. Los vecinos (el puñado que me visitaron) comenzaron a mirarme con sospecha.

Más o menos para el mismo tiempo la col, brócoli, coliflor y repollitos de bruselas, ya bastante grandes, fueron víctimas de una seria infección de gusanos de la col. Es un problema muy común en nuestra área. En los años anteriores yo había cambiado mi contra-ataque de insecticidas químicos a métodos orgánicos. Pero este año no habría de usar ninguno de los dos métodos. Un gusano muerto es un gusano muerto, no importa si se mata orgánicamente o no. Tenía que considerar otras soluciones.

Tomando en cuenta el éxito que había tenido con las lombrices de tierra y los topos, decidí entablar comunicación con la Deva de los Gusanos de la Col. Anuncié que estaba dispuesta a ceder a los gusanos una col al final de cada una de las cuatro hileras. Entonces pedía que los gusanos se movieran ellos mismos hacia las cuatro plantas designadas, abandonando todas las demás.

A la mañana siguiente, todas las plantas en las cuatro hileras estaban libres de los gusanos de la col—excepto la planta al final de cada hilera. Lo que me sorprendió más fue la cantidad de gusanos que habían en las coles al final de las hileras. Cada una sólo tenía la cantidad de gusanos que podía alimentar—el resto que había habido en las hileras (cantidad que habría destruido en cuestión de minutos las plantas designadas) simplemente habían desaparecido.

En menos de siete días, las otras plantas habían "sanado" y ya no tenían agujeros en sus hojas. A modo de bonificación, las plantas de col que fueron designadas para recibir los gusanos, hacia el final de verano, produjeron perfectas cabezas de col de cuatro libras cada una.

A medida que progresaba la temporada de siembra durante la primavera, la energía general del jardín varió de manera drástica. Cada vez que añadía un vegetal, podía sentir el cambio en la energía. El efecto cumulativo era una energía que se sentía fuerte y con una vitalidad extraordinaria.

A comienzos de junio, en mi capacidad como "creadora del jardín", dirigí una ceremonia en Perelandra. Declaré que toda Perelandra era un santuario para devas y espíritus de la naturaleza, un santuario donde podían operar en paz y armonía. Con eso, invité a cualquier deva o espíritu de la naturaleza que lo quisiera, a que se nos uniera en Perelandra. En cuanto terminé mi declaración, vi brotar una gran cantidad de distintas flores silvestres en los bosques, y los tiestos que había preparado para plantar plantas anuales, ahora estaban llenos de esas plantas anuales.

Poco después de esto, la intensidad de mi educación se aceleró. Me informó la Deva del Jardín que era importante, si quería seguir aprendiendo, que entendiera las distintas dinámicas de la manifestación. Para poder continuar en mi posición de igualdad en sociedad, tenía que entender lo que estaba sucediendo alrededor mío, así como el papel que yo, como humana, desempeñaba en todo ese proceso.

Así que continuó mi educación.

MANIFESTACIÓN: el acto, proceso o instancia de manifestar; hacerse evidente.

MANIFESTAR: percibir con los sentidos, especialmente la vista.

Experimenté tres dinámicas diferentes de manifestación.

La primera es una experiencia muy común para todos. Necesitaba algo. Expresaba mi necesidad... y alabado sea, un enorme camión pasa a gran velocidad por la carretera de piedra que

atraviesa la propiedad, y se cae del camión justo lo que necesito. O alguien llega y me dice: "Creo que necesita esto", y me entrega el artículo que necesito. O, necesitamos un auto nuevo y sólo tenemos $100 para comprarlo. Abrimos el periódico el domingo en la sección de ventas y ahí está el auto perfecto que necesitamos de alguien que necesita deshacerse de él sin demora... por $100.

Necesitaba heno para cubrir las plantas en el jardín. La sequía había eliminado el primer corte de heno de la temporada, y presas del pánico, los agricultores estaban acaparando todos los fardos que podían para el invierno. Me informaron que expresara con claridad lo que necesitaba y que lo imaginara claramente en mi mente. Me explicaron que aún cuando esta área de manifestación es la que está a mayor disposición de los seres humanos, que generalmente mermamos su efectividad por nuestra falta de claridad. Estamos comenzando a entender la idea de que contamos con la capacidad y poder de atraer hacia nosotros *todo* lo que necesitamos. Pero no nos hemos molestado en disciplinarnos lo suficiente para lograr que este instrumento funcione de manera consistente—nuestra mayor falla es falta de claridad. Existe una diferencia muy grande entre comenzar expresando: "Necesito un poco de heno..." a decir, "necesito una tonelada de heno grado B para el jardín".

Yo no sabía la cantidad exacta que necesitaría para cubrir mis necesidades durante la temporada de siembra, de modo que me valí de otros medios para lograr claridad. En primer lugar, me enseñaron que cuando se considera la manifestación, siempre tenía que entablar comunicación con la deva directamente relacionada con lo que se quiere manifestar. En este caso, era la Deva del Heno. (Sí, Marta. Existe una Deva del Heno). Recibí información que necesitaría heno para dos temporadas de siembra—ya que la sequía provocaría escasez de heno el siguiente año también. Con esta información, envié el "llamado" para manifestar suficiente heno que me permitiera mantener el jardín de vegetales de Perelandra con una capa de 6 pulgadas durante los próximos dos años.

Habiendo declarado eso, me informaron que tenía ahora que desvincularme del proceso—o sea, no podía estar ansiosa o preocuparme sobre si mi "llamado" había sido efectivo o no. Tenía que continuar mi rutina diaria *asumiendo* que esta necesidad en particular ya se había atendido. Tenía que relajarme y, especialmente, no habría de valerme de lógica para tratar de discernir de dónde iba a venir el heno, eso no haría mas que imponer limitaciones en el proceso de manifestación.

En cuestión de un par de días, un vecino me llamó y me dio el nombre y número de teléfono de un granjero local que contaba con una gran cantidad de heno que se había echado a perder y quería deshacerse de él.

Ese heno nos duró exactamente dos años.

Claridad de pensamiento, palabra y visualización fueron los pasos clave en los que pusieron énfasis cuando me encontraba explorando este primer nivel de manifestación, una y otra vez. Cuando entré en el segundo nivel, descubrí que igual necesitaba seguir valiéndome de esos mismos tres pasos clave.

En julio, pasé a una dinámica totalmente diferente de manifestación. Para entonces, contaba con la comprensión a nivel intelectual de cómo las devas y espíritus de la naturaleza trabajan con energía para poder crear algo físico en la Tierra. Lo entendía, pero no lo *sabía*—no lo había *experimentado*—todavía.

Una tarde, me indicaron que formulara un "llamado" y visualizara un pie cúbico de estiércol. (¡Como pueden ver me hicieron comenzar desde lo más básico!) Mi visualización activó la deva que, a su vez, reunió las distintas energías que conforman el estiércol. Como parte de nuestra co-creatividad en sociedad, la deva se valió de las especificaciones de mi visualización para determinar el tipo de estiércol que había que manifestar. Luego se me indicó que entablara contacto con los espíritus de la naturaleza y prosiguiera a seguir sus instrucciones.

Tan pronto como entablé la conexión, me sentí elevada (a

nivel de vibraciones) a un nivel sumamente familiar—el nivel en el cual se realizan los viajes astrales. Permanecí ahí esperando, cuando de repente, sentí una tercera energía entrar en mi campo de consciencia. Se nos había unido ahora la energía del estiércol. Con gran cuidado, el conjunto de energía, los espíritus de la naturaleza y yo, comenzamos a desplazarnos hacia "abajo" en niveles de vibración, más lentamente de lo que jamás había experimentado en mis meditaciones—o tal vez era simplemente que lo estaba experimentando de manera más clara que nunca. A medida que pasábamos de un nivel al siguiente, podía sentir el cambio en la energía del estiércol. Finalmente, sentí cómo el estiércol adquiría sentido de condición física—podía sentir los átomos, las moléculas y finalmente las células. Podía percibir forma dentro de la energía del estiércol. Por último, podía incluso sentir el olor. En el momento en que "regresé" de mi estado de meditación, abrí los ojos, y justo frente a mí se encontraba un pie cúbico de estiércol.

No voy a decir que tomé toda esta experiencia con ecuanimidad. Por un largo rato, simplemente me senté con la boca abierta a mirar el estiércol, pensando sobre lo que acababa de ocurrir. Luego lo toqué. Estaba perfectamente curado, de buena textura— no despedía mucho olor, lo que comprobaba su estado de total putrefacción. Con un palo moví y pegué contra el bulto para convencerme totalmente que me encontraba sentada frente a un pie cúbico de estiércol. Pregunté qué estaba supuesta a hacer ahora con el estiércol y me dijeron que lo esparciera por el jardín. (¡Por supuesto! ¿Qué otra cosa podía hacer con él?)

Este proceso de manifestación del estiércol tomó unas dos horas. Se había realizado "lentamente" para beneficio mío a fin de que pudiera sentir las distintas sensaciones. Posteriormente, cada vez que me invitaban a realizar manifestaciones conjuntas, siempre se me dio el tiempo necesario para que yo pudiera internalizar la experiencia y aprender cosas nuevas sobre el proceso, nunca la misma cantidad de tiempo. La manifestación, podríamos decir, es un "estado natural", que ocurre en el proverbial abrir y cerrar de ojos.

Después de una semana de experiencias, recibí una lección en una variación de la manifestación. En esta oportunidad el artículo que habríamos de manifestar asumió una estructura atómica, los espíritus de la naturaleza se desprendieron del proceso y dejaron que fuera yo quien ayudara a llevarlo por las últimas etapas hacia la manifestación física. Acordamos, a nivel dévico, materializar una semilla de calabaza, que yo proseguí a visualizar, iniciando así el proceso. Luego, con los espíritus de la naturaleza, me desplacé al nivel etérico, sentí la conexión con la energía de la semilla, continué "bajando" de niveles y, a medida que la semilla asumía estructura atómica, sentí que los espíritus de la naturaleza salieron de mi campo de consciencia. Mi impulso inicial, que resultó ser el correcto, fue valerme de concentración interna para "mantener" juntas las energías individuales que conformaban la semilla. Podía sentir que a nivel atómico, las energías comenzaron a aglutinarse, uniéndose más unas con las otras, y por lo tanto creando la sensación de que el conjunto de energías individuales estaban formando un todo físico. A medida que continuaba con el proceso, esa sensación se iba tornando cada vez más fuerte. También descubrí que para poder "mantener" juntas las energías, era importante que mi propio nivel de vibración fuera semejante al nivel de las energías que estaba tratando de aglutinar. Esencialmente, no podía ayudar las energía a nivel atómico si mis propias vibraciones estaban dirigidas hacia el nivel etérico.

Al final del proceso, justo antes de que la semilla se tornara física, descubrí que en vez de retirarme y salir de mi estado de meditación, tenía que intensificar mi concentración interna en la energía de la semilla y, una vez más, visualizar la semilla en su forma física. Fue entonces cuando recibí la sensación final de la energía asumiendo forma. Abrí mis ojos, y justo enfrente mío, estaba la semilla.

Me invitaron a continuar trabajando en esta etapa en particular durante varias semanas. A diario llegaba a un acuerdo con el nivel dévico sobre una necesidad en particular que había que suplir para el jardín o alrededor de Perelandra—semillas, fertilizantes, plantas, herramientas... cualquier cosa. Entonces comenzábamos nuestro trabajo. La calidad de la concentración—la intensidad de la concentración—que se requería de mí durante esos procesos, excedía todo lo experimentado anteriormente. A veces perdía un poco la concentración y todo se paraba. A veces perdía totalmente la concentración y todo el conjunto de energía desaparecía regresando al nivel dévico, dispersándose en sus componentes individuales una vez más. Otras veces, si no podía generar la intensidad necesaria justo antes de la manifestación física, cuando abría los ojos descubría que la manifestación se había logrado, pero estaba a mayores distancias de mí—25 pies o más—en vez de directamente en frente.

Las herramientas resultaron ser una lección sumamente interesante. Primero, tenía que superar mis prejuicios de que las herramientas no eran del dominio de la naturaleza. Pero descubrí que cada herramienta cuenta con su propia deva, su consciencia. También, con las herramientas experimenté el proceso de "desmanifestación"—el proceso a la inversa que hace que la herramienta abandone el nivel físico y regrese a un estado de energía.

Para fines de junio, me sentía bastante confiada con lo que estaba haciendo. Por supuesto, no se me permitió permanecer en ese nivel durante mucho tiempo. Me quedaba aún un tercer nivel de manifestación por explorar.

En esta oportunidad me indicaron que entrara en meditación y entablara contacto con el nivel dévico. Desde ese nivel fui "elevada" a otro nivel, con el que yo también estaba muy familiarizada. En esta oportunidad me encontré en el Vacío—un ámbito que había experimentado durante seis meses cuando estaba recibiendo mis primeras lecciones sobre meditación. Me sacaron del nivel del Vacío al nivel justo "debajo" del Vacío. El Vacío es donde nada puede distinguirse de todo lo demás, ni siquiera uno mismo, y todo existe en el presente. El espacio inmediatamente "debajo" es donde la individualidad *primero* comienza a asumir sus características.

Me dijeron que los componentes individuales de energía que reúne la deva para formar un conjunto, provienen de lo que yo llamo el Vacío. Esencialmente, todo lo que es, se crea de esa Unidad o Vacío. También se me informó que en el nivel justo "debajo" del Vacío, podía variar mi nivel de consciencia (mediante intención) y experiencia, y de hecho *convertirme* en cualquier cosa. Por ejemplo, podía variar mi consciencia y convertirme en un martillo.

Esto es sumamente difícil de describir con palabras. Es difícil para nosotros creer que podemos desvincularnos de la consciencia de nuestra propia existencia, de nuestra propia individualidad, para convertirnos en alguna otra cosa. Pero en el nivel siguiente al Vacío, donde la individualidad se encuentra en su mínima expresión, esto resulta sumamente fácil.

Con estos conocimientos internos, mi experiencia con el proceso de manifestación cambió. Una vez llegábamos a un acuerdo sobre lo que íbamos a manifestar, yo entraba en meditación, me elevaba hasta ese nivel justo "debajo" del Vacío y con mi fuerza de voluntad me *convertía* en lo que se iba a manifestar, para compartir su consciencia. Después de salir de esa meditación, podía reflexionar sobre lo que había aprendido durante la experiencia, y después de considerar cómo había planeado utilizar el artículo en cuestión, entonces podía determinar y decidir si efectivamente ese era el artículo apropiado para el propósito que yo tenía en mente. Recuerden que, en mi capacidad como "creadora del jardín" y socia co-creadora, lo que fuera que yo visualizaba se manifestaba. A veces cometí errores tontos. Recorríamos todo el proceso y, al final, descubría que mi decisión original estaba errada y que lo que tenía ahora enfrente no era lo que realmente necesitaba para realizar la tarea. Pero al "convertirme" primero en el artículo en ese nivel de la meditación, podía decidir de forma acertada, con anticipación, si mi decisión era correcta o no.

En una oportunidad activé el proceso (después de haberme convertido en el artículo y haber decido que era el apropiado), me abrí al nivel dévico y experimenté las distintas energías uniéndose. Luego me desplacé a través de los distintos niveles con la deva, sentí el cambio del nivel etérico al de los espíritus de la naturaleza, continué el proceso con ellos y, al nivel atómico, asumí responsabilidad por la energía hasta que se convirtió en forma visible.

Mis experiencias con las manifestaciones son muy intesas. Son complejas, profundas, ardientes, pero sutiles... a todo nivel. Nunca he materializado algo sin antes haber sido invitada a participar en el proceso, y siempre he llegado a un acuerdo primero a nivel dévico sobre el artículo específico a manifestar en el nivel físico. Desde el comienzo, sabía que no estaba experimentando este proceso para usarlo como medio para convertirme en una mujer rica rápidamente mediante manifestaciones caprichosas. Tampoco era algo que estaba aprendiendo para convertirme en el centro de atracción y diversión de mis amistades. Frecuentemente me veo sujeta a las más impresionantes presiones psicológicas que tienen como fin llevarme a realizar algún "truco". Pero he aprendido que existen tres categorías de personas. Uno es el grupo de personas que escucha sobre mis experiencias con manifestaciones, esto resuena dentro de ellos y saben, desde lo más profundo de su ser, que la manifestación es parte del proceso de lo que conocemos como realidad física. El segundo es el grupo de los que se sientan sobre la verja. No toman decisión alguna, a menos que se les provea un ejemplo del milagro... y otro... y otro... El tercer grupo es el de los escépticos por convicción. Estos son particularmente buenos presionándome, asegurándome que si les muestro un milagro entonces creerán, etc., etc.

Si accedo y manifiesto un elefante, el primer grupo considerará que mi acción ha sido totalmente innecesaria e incluso superflua. El segundo grupo me diría: "¡Qué bien! Veamos ahora si puedes hacer lo mismo con un tanque de combate". Mientras que el tercer grupo, después de haberme instado a actuar, me acusarían de incurrir en prácticas de magia de espectáculos de Las Vegas y decidirían que soy una charlatana. Conclusión: quedo con un elefante y tres grupos de personas totalmente decepcionadas conmigo.

No fue para esto que se me enseñó el proceso de manifestación. Para poder continuar mi trabajo con las devas y espíritus de la naturaleza a un nivel más intenso, tenía que saber, con exactitud, lo que conlleva llegar al nivel físico—y que el principio de creación no está sólo reservado para los humanos. Es un proceso que comparten *todos* en la creación. Para lograr mi objetivo de ir por la vida como un participante en el balance ecológico y armonía integral, tenía que aprender a respetar el Dios en todo lo creado, todo lo que me rodea. Esto significaba tener que pasar por la experiencia de sentir a Dios en los distintos niveles de vida—incluyendo los niveles de creación y manifestación.

Varias personas me han sugerido que no comparta con otros mis experiencias con manifestación. Temen que alguien pueda valerse de esta información para usar su poder y forzar la manifestación de algo. Esencialmente, que podrían usar su poder para manipular. Pero es precisamente la manipulación de lo que tenemos que apartarnos. Es lo que las devas y espíritus de la naturaleza tienen que contrarrestar constantemente en sus relaciones con los humanos. Sabemos perfectamente cómo usar nuestro poder para manipular la realidad que nos rodea de manera que se ajuste a nuestros antojos personales. Mi impresión es que la persona interesada en manipulación ya cuenta con mucho más información y mucho más detalle en otras fuentes, de lo que yo ofrezco aquí—existen volúmenes de material escrito sobre magia negra. Sin embargo, se ha escrito muy poco sobre la manifestación como un proceso natural, balanceado, cooperativo y co-creativo. Nos apartamos con temor del concepto de magia negra, y así debe ser. Pero no podemos apartarnos de las leyes universales de la manifestación. Necesitamos enfrentar ese aspecto de nuestra realidad plenamente. Es un componente integral y vital de nuestro conocimiento si hemos de convertirnos en socios en igualdad con todo lo que comparte la Tierra con nosotros.

No había terminado aún mi verano.

Justo cuando comenzó a estar lista la cosecha de maíz, los cultivos fueron atacados—más bien devorados—por los llamados escarabajos japoneses (Japanese beetles). Se comieron el polen y destruyeron sus barbas. El proceso normal de germinación del maíz requiere que el polen caiga sobre las barbas. Es la germinación de las barbas del maíz lo que hace que crezca cada grano en la mazorca. Sin polen ni barbas, uno termina con una mazorca sin granos de maíz. Este verano, si quería salvar el maíz, tenía que ver la manera de lidiar con los escarabajos japoneses.

Tomando en cuenta, de nuevo, mi suerte con los topos, las lombrices de tierra y los gusanos de la col, decidí contactar la Deva de los Escarabajos Japoneses. Para mi gran sorpresa, entré en contacto con una energía que sólo puedo describir como la de un niño maltratado. Era una energía de frustración y fracaso, de sumisión forzada, a golpes. Sin embargo, contenía una mezcla de ira y deseo desaforado de luchar por su vida.

Me informó la Deva que lo que estaba sintiendo no provenía del nivel dévico, sino del nivel de consciencia del propio escarabajo japonés. Necesitaba esta experiencia para entender lo que nuestra relación con el escarabajo japonés había logrado, antes de formular algún pedido a nivel dévico para eliminarlos de mis cultivos. El escarabajo japonés no es oriundo de los Estados Unidos. Fue introducido en nuestro país por una persona que trajo varios escarabajos japoneses para formar parte de su colección de insectos, pero accidentalmente se escaparon. No cuentan con suficientes enemigos naturales en nuestro medio ambiente que los ataquen, y por lo tanto, se han multiplicado tanto que ahora se han convertido en un serio problema agrícola. Por lo tanto, en los últimos 50 años, hemos desatado una guerra contra el escarabajo japonés. Lo que yo recibí fue el resultado de esa guerra.

Ante tales circunstancias, sentí que no tenía derecho de pedirle nada al escarabajo. Simplemente pedí que los escarabajos reconocieran que Perelandra es un santuario y los invité a que se nos unieran para comenzar a sanarse. Les informé que no les haría daño o los destruiría de forma alguna, y que trataría de hacer lo que fuera necesario para fortalecer su proceso de recuperación. Para sellar mi arreglo, anuncié que no cortaría la grama en un área específica que sabía que era de la predilección del escarabajo japonés.

Luego me referí al tema del maíz. Todavía tratando de salvar algo de la cosecha, decidí tratar de elevar la vibración de cada uno de los tallos de maíz—tal vez con eso lograría que los granos crecieran, a pesar del daño provocado por los escarabajos japoneses. Pasé tres días poniendo mis manos sobre cada uno de los tallos y enviándoles AMOR. Al final de los tres días, las inteligencias de la naturaleza ya se habían cansado de esta tontería y me informaron que me fuera del área de cultivo del maíz y que no regresara "hasta que se me indicara lo contrario".

Las devas y espíritus de la naturaleza no responden a lo que llaman "sentimentalismo pegajoso". Para ellos el amor se manifiesta con acción y propósito, y es ese tipo de amor activo lo que desean de nosotros. (En una oportunidad que me encontraba dirigiendo un seminario, me pidieron que acompañara a un grupo de varios líderes de esa comunidad hasta un arbusto. Era un arbusto bastante grande, y no se necesitaba ser un horticultor para ver que se estaba muriendo. Aparentemente lo habían trasplantado recientemente, y como parte del proceso de trasplante, varios miembros de la comunidad formaban un círculo alrededor del arbusto todas las noches, y unidos de las manos le enviaban amor al arbusto... AMOR. No obstante esos esfuerzos, el arbusto había tenido la audacia de comenzar a morirse. Me preguntaron qué haría yo. Fui hasta el arbusto, revisé el suelo alrededor y sus hojas, entonces me viré hacia ellos y anuncié que yo simplemente me limitaría a regarlo con un poco de agua. Eso es amor en acción, que no debe confundirse con acción sin amor. El amor en acción es acción apropiada que se realiza dentro del espíritu de amor).

Permanecí fuera de la siembra de maíz durante tres semanas, hasta que una mañana me informaron que podía regresar. Descubrí que todas las mazorcas de maíz contaban con granos, pero sólo la mitad de la mazorca. El patrón dévico del maíz había cambiado, haciendo posible que maduraran las mazorcas sin necesidad del proceso natural de germinación. Se me informó que sólo la mitad de las mazorcas habían madurado porque *ésta* siembra de maíz habría de usarse para alimentar a las aves durante el invierno y sólo la cantidad que se necesitaba había madurado. La siembra de maíz que había plantado mucho más tarde, justo al lado del área afectada, no sufrió daños y era para nuestro uso exclusivo y se les permitiría madurar mediante el proceso natural de germinación.

Un mes más tarde, esa segunda porción de la siembra de maíz maduró plenamente sin problema alguno por parte de los escarabajos. Durante los años desde que llegué a mi acuerdo con los escarabajos japoneses he notado que se han ido calmando considerablemente, y ha disminuido su número. Durante un par de años, sólo provocaron daños en los rosales. Pero igual, no los ataqué. No fue fácil, ya que mi reacción natural era darles un buen golpe para hacerlos salir de los rosales. Pero después de ciertos ajustes mentales de mi parte, llegué incluso a invitarlos a disfrutar de sus banquetes en mis rosales. En los últimos años no han vuelto a atacar mis rosas en grandes cantidades, aunque de vez en cuando veo uno o dos en sus incursiones. Debido a *sus* cambios, no he tenido razón alguna para pedirles nada especial. Su presencia en el jardín ha entrado en su debido balance.

A partir de mediados de agosto, mis días se tornaron más difíciles. Recibí noticias de Findhorn que había sido aceptada en el programa. Tenía que presentarme en Findhorn la primera semana de noviembre. Eso me daba poco más de dos meses para todos los preparativos necesarios para el invierno, además de preparar mi viaje a Escocia y cerrar el jardín.

Con estas presiones, cambié mi actitud en cuanto a la manera en que me enfocaba en el jardín. Ya no tenía tiempo para darme el lujo de relajarme tomando té en la mañana, y sin lugar a dudas, ya no tenía tiempo para hacer todo lo que me estaban sugiriendo que era necesario hacer en el jardín. Así que mi tendencia era entrar en mis comunicaciones matutinas con las devas igual que un sargento del ejército. "Bien. ¿Qué hay que hacer?" (Escuchaba). "Bien. Voy a hacer esto, y esto, pero esto otro va a tener que esperar".

Poco después, llegué al jardín una mañana para descubrir que una hilera de repollitos de bruselas que había crecido unos perfectos tres pies, había sido atacada por una manada de gusanos, dejando las hojas seriamente destruidas y las plantas muy debilitadas.

No podía creer lo que estaba mirando. Entablé mi conexión con la Deva de los Repollitos de Bruselas para averiguar qué estaba pasando. Esta fue la respuesta que recibí:

Cuando miras el jardín ahora ves un vaso medio vacío. Sólo te enfocas en lo negativo. Sólo te interesa el trabajo que tienes que realizar. Ya no ves la belleza en lo que se está logrando aquí. Tu actitud ha alterado el balance de la energía del jardín, haciendo que quede vulnerable al ataque de insectos destructivos. Como tú has alterado el balance, es importante que lo restaures. Debes entender el poder de los pensamientos y actitudes y el papel integral que juegan en el balance del todo.

Necesitaba regresar al jardín, pero más importante, tenía que recuperar la actitud con la que había trabajado todo el verano. No era fácil. Me dio mucho trabajo olvidarme de todo lo demás y enfocarme solamente en el jardín.

Me tomó tres días reajustar el daño que había provocado. Mayormente, me concentraba en ver el jardín en términos de sus logros diarios y su belleza. Al final de los tres días, los gusanos se habían ido de las plantas de los repollitos de bruselas y habían comenzado a recuperarse.

La clave para mantener el balance del jardín ahora era mi actitud. No era la cantidad de trabajo lo que había alterado la energía, sino mi actitud mientras realizaba el trabajo: presionada, preocupada, llena de ansiedad por el viaje. Cuando finalmente salía para ocuparme de mis otras responsabilidades, me aseguraba de salir y entrar del jardín con la mente calmada, clara y tranquila. Con esto, el jardín podría mantener su nivel de energía.

Decidí que era importante esperar hasta después de la primera helada y no apresurarme en la tarea de "poner a dormir el jardín" en preparación para el invierno. Esperé y esperé por esa helada, pero por un tiempo parecía que tendría que partir hacia Findhorn y dejar que Clarence realizara las tareas.

Por fin llegó la helada. Fui al jardín a completar las últimas etapas del proceso, completando así el ciclo de la temporada.

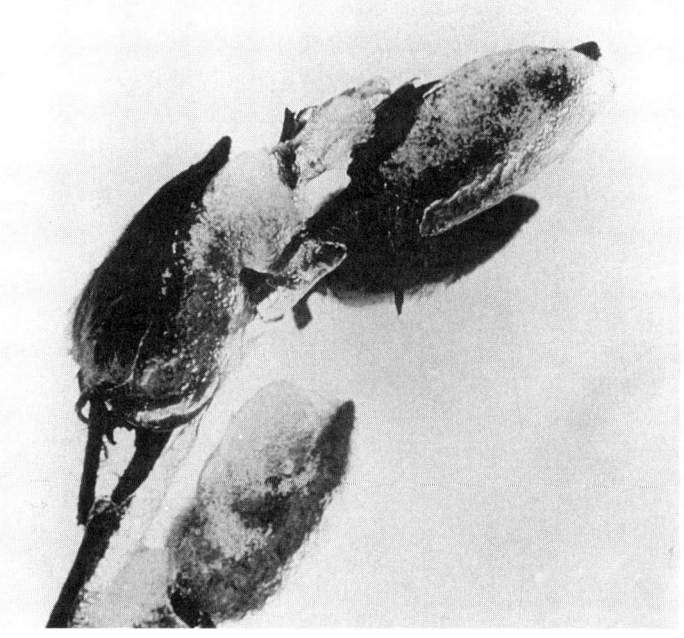

Lo que yo había asumido que me tomaría un día, me tomó siete completar. Fue la experiencia más extraordinaria, muy similar a la del alumbramiento no violento. Sólo que en esta oportunidad, era una muerte no violenta. Pasé siete días contactando cada una de las energías que habían formado parte del jardín. Les di gracias por su presencia, luego las liberaba del jardín. Descubrí que aunque la forma de la planta estuviera muerta, la energía, la consciencia de la planta, permanecía como parte integral de toda la energía del jardín. A medida que iba liberándolas—ya fuera sacando la planta o contactando la energía y simplemente pidiéndole que se liberara—sentía cómo salían de mi propia consciencia. Los espíritus de la naturaleza que habían trabajado con ese vegetal se salían del jardín y desaparecían hacia el Anexo Elemental. Todo tenía que hacerse de manera muy delicada y lentamente, respetando el hecho que este ciclo de crecimiento había llegado a su fin, y estábamos entrando en un período de descanso y paz. La atmósfera que me rodeaba era de calma—mucha calma. Cada movimiento que hacía era lento y deliberado, pero preciso... claridad en acción. Todo el tiempo, permanecía en contacto con la consciencia específica con la que estaba trabajando.

Es difícil comunicar esta experiencia por su profundidad y extraordinaria mezcla de paz, dulzura y amor. También porque estaba ocurriendo en diferentes niveles a la vez, tanto en mi interior como exterior. En retrospectiva... fue el período más profundo del año.

3
Las lecciones continúan

Regresé de Findhorn en marzo de 1978 en un profundo estado de "trauma". Una vez de que los miembros de la comunidad de Findhorn se convencieron que yo no era una mujer extraña y media loca, recién caída de la rama de algún árbol extraterrestre, y que mis experiencias en el jardín eran, de hecho, reales, me pidieron que les hablara al respecto. Entonces comencé a hablar, y hablar, y hablar... En un principio me sentí elogiada por el interés y atención. El hablar sobre el jardín me hacía sentir menos aislada de Perelandra.

Pero durante la última semana comencé a preguntarme si había o no hablado *demasiado*. En mi entusiasmo por compartir todo tan completamente como podía, no estaba segura si había violado algún convenio, alguna confidencia, entre las devas, espíritus de la naturaleza y yo. ¿Era posible que lo que había sucedido entre nosotros estaba supuesto a permanecer en secreto? Yo era nueva en este mundo de espíritus de la naturaleza y devas, y por lo tanto, ignoraba cuál sería el protocolo correcto. Ni siquiera estaba segura si existía tal protocolo sobre el cual yo podía ser una total ignorante.

Cuando dejé Findhorn, me preparé para la posibilidad que mi educación en el jardín había llegado a su fin. Por supuesto, estaba equivocada. El trabajar con los espíritus de la naturaleza no me dio entrada en ningún tipo de sociedad secreta. No entendía cuán errados eran mis temores hasta que comencé a trabajar nuevamente en el jardín. Desde el primer intento de comunicación, pude darme cuenta enseguida que no había perdido nada de mi sociedad co-creativa y, en muy corto tiempo, estaba totalmente inmersa en todo el proceso de un nuevo año, un nuevo jardín y nuevas lecciones.

Lo que comparto ahora con ustedes son los ensayos basados en las distintas lecciones, revelaciones y experiencias que recibí durante ese segundo año.

REALIDAD COMO ENERGÍA

Un tema que se repite en todas mis lecciones es el de la *energía*. No me refiero al combustible que se pone en un auto, ni a una hoguera. Cuando hablo de energía me refiero a la realidad que hace posible toda Forma. Es el primer paso para cambiar nuestra consciencia y entender la naturaleza.

Cuando estaba en Findhorn, dirigí una meditación que me estaban entregando desde el nivel dévico y cuyo fin es ayudar a las personas a ponerse en contacto con la consciencia inteligente que existe en toda materia. Cada persona escogió un objeto, cualquier objeto—entonces yo los dirigí en la meditación. Nunca había realizado esa meditación, de modo que no anticipaba que sucedería nada especial. Incluso le anuncié a todos que no se preocuparan, ni se sintieran decepcionados, si todo resultaba en un fiasco. Cuando terminamos, todos permanecieron sentados y callados. Uno por uno, fueron compartiendo sus experiencias. Casi todo el mundo en la habitación había logrado entablar comunicación con el objeto. Todos quedamos pasmados—ellos, por haber logrado comunicarse con un objeto inanimado, y yo por la facilidad tan obvia en que había sido un éxito la meditación.

Más tarde ese día, volví a entablar comunicación con el nivel dévico y pregunté por qué la meditación había resultado tan efectiva.

El hombre no puede continuar dándose el lujo de considerar todo lo que existe fuera de él como nada más que formas—en la mayoría de los casos, lo considera forma sin vida. El hombre tiene que empezar a entender la realidad que le rodea en términos de energía. El hombre necesita entender que, comprendida en toda energía, existe consciencia inteligente—vida. Esta meditación es un instrumento diseñado para ayudar a las personas a expandir sus percepciones. Ha llegado el momento. El cambio ahora es vital. Las personas que son sensitivas y que se encuentran cómodas con el pulso de evolución actual, lograrán cambiar su consciencia con relativa facilidad mediante el uso de instrumentos tales como esta meditación.

LA RELACIÓN DE ENERGÍA CON LA FORMA

La energía se refleja mediante la forma. Es una de las leyes naturales en la Tierra. La Tierra es donde se experimenta el nivel físico—forma. Y es precisamente lo que condenan y menosprecian a menos muchas personas que se compenetran con el concepto de espiritualidad—el cuerpo, sus limitaciones y las restricciones que impone en sus almas—lo que, de hecho, es lo que estamos aquí para entender y experimentar. El estado físico. Los humanos hemos optado por aprender qué es reflejar nuestra energía, nuestra consciencia inteligente, nuestra fuerza de vida, a través del vehículo físico. A menudo escuchamos que las personas culpan sus cuerpos por ser lo que los separa de su alma. Estas personas no entienden la razón por la cual se encuentran aquí en la Tierra. El desafío no está en descartar el cuerpo para regresar al alma, sino aprender cómo cimentar el alma y permitirle que se exprese *plenamente* a través de la forma física. Estoy convencida de que puede lograrse—totalmente convencida de que es posible para nuestras almas, nuestros seres que son energía, expresarse plenamente y con facilidad a través de la Forma. ¡Todo lo que tenemos que hacer es aprender cómo se logra! No estoy diciendo que sea fácil; estoy simplemente alegando que no es imposible. De hecho, es lo que está supuesto a suceder en nuestras vidas.

Por supuesto, el objetivo es que *toda* la energía en la Tierra se refleje a la perfección y plenamente a través de la forma. En los reinos de la naturaleza, esto se logra de manera sumamente natural. Es un proceso involuntario que recibe ayuda de las devas y los espíritus de la naturaleza—manifestación. Para los humanos, el proceso es voluntario. Hemos optado por embarcarnos en el proceso, y por entenderlo. Es nuestra falta de comprensión de lo que está pasando dentro, y fuera, de nosotros lo que nos causa tantos problemas.

Debido a nuestra ignorancia, no sólo hemos complicado nuestro propio proceso, sino que nos hemos agenciado también para afectar el proceso de todo lo que nos rodea. Vemos todo lo que nos rodea como algo que existe para suplir nuestras necesidades—y luego hemos definido cuáles son esas necesidades. Hemos manipulado, rociado químicos, alterado códigos genéticos, cazado hasta la extinción, contaminado, ensuciado y construido más de lo debido. Ahora lo llamamos mala ecología. El tan discutido resultado es que hemos creado serios problemas ecológicos. De lo que todavía no nos hemos dado cuenta es que también hemos creado una crisis ecológica de *energía*. Toda forma que se destruye, o se encuentra fuera de balance, está simplemente reflejando la crisis que existe a nivel de la energía que apoya y hace posible esa forma.

Consideremos nuestra atmósfera como una forma. Es una entidad compuesta de muchos elementos diferentes. Su patrón dévico original tiene un perfecto balance. Su fin es fortalecer la vida de todo con lo que entra en contacto. Pero los humanos hemos añadido otros componentes a la atmósfera que no son parte del patrón dévico. Esto altera la forma, haciendo que ahora sea imposible para el patrón de energía reflejar su condición perfecta. Si alteramos la forma por un tiempo suficientemente largo, estamos *forzando* al patrón de energía a cambiar, a evolucionar fuera de balance, a fin de adaptarse a la nueva forma. De hecho, estamos obligando a toda la realidad que nos rodea a cambiar de una posición de balance y perfección hacia una de debilitamiento.

La naturaleza cambia sus propias formas—ajusta y cambia en respuesta a nuevos ambientes, nuevas circunstancias. Pero esos cambios, iniciados en el nivel dévico, son cambios perfectos, que se realizan en perfecto balance y en el momento preciso.

Nuestra participación en el proceso de cambios de la naturaleza debe llevarse a cabo en sociedad con el nivel dévico. A través de la historia, un puñado de botánicos han funcionado en ese tipo de sociedad. George Washington Carver fue uno de esos. Porque trabajaba con las devas (él lo describía como su sociedad con Dios), los cambios en los que participó gozaban de balance, y esto resultó en plantas saludables y fuertes.

Lamentablemente, nuestra relación más predominante con la naturaleza es una de interferencia y manipulación. La situación se ha tornado tan seria en los últimos cincuenta años que los espíritus de la naturaleza han respondido, en su gran mayoría, retirándose de grandes áreas de tierra. Recuerden, los espíritus de la naturaleza son responsables de las etapas finales en el proceso de cimentar energía en formas y cuidado de la forma que ha recibido la energía durante sus distintas etapas de crecimiento. Debido al cuadro ecológico general de lo que hemos creado, este proceso se torna cada vez más difícil, a veces incluso imposible. En cuanto se ha cimentado un patrón, se lo hace perder balance mediante la falta de armonía ecológica que lo rodea.

La mayoría de los jardines y tierras agrícolas alrededor del mundo se encuentran actualmente sin la presencia de espíritus de la naturaleza. Sin ellos, la calidad y cantidad de energía que se cimienta en la forma es mínima, permitiendo así apenas suficiente energía para mantener la forma. En definitiva, terminamos con una forma básicamente vacía. Alimento sin luz.

Cuando los espíritus de la naturaleza abandonan un área, se "congregan" en algún otro sitio no frecuentado por el hombre, por lo general en bosques. Para mantener alejado al hombre de estas áreas, hacen que se torne impenetrable con árboles muertos y crecimiento de maleza. En una oportunidad viví la experiencia de entrar en una de estas áreas. Me encontraba cerca de Findhorn, en una porción de tierra y una mansión que había sido muy bien preservada por el hombre, pero luego la habían abandonado. Estaba caminando por el área cuando me sentí atraída hacia un área lejos de la mansión, bajando por una colina y un pequeño sendero. Sentí que estaba entrando en un ambiente autónomo, totalmente diferente del que acababa de abandonar en mi caminata. La atmósfera se sentía sólida y pesada, y aunque podía sentir gran paz, también podía sentir ira en el ambiente. Consideré alejarme, pero aún me sentía atraída hacia las profundidades de este extraño lugar. Caminé suavemente por el sendero y pronto me encontré frente a lo que parecía ser un viejo estanque para peces de colores. Era pequeño, lleno de malezas y totalmente escondido de la mansión. Fue ahí que se pusieron en contacto conmigo los espíritus de la naturaleza y me explicaron lo que había pasado y por qué se encontraban ahí. Su ira era real, y no se disponían a dejar su "santuario" hasta que los humanos volvieran a entrar al área y *probaran* que estaban dispuestos a trabajar en la restauración del balance del área.

Al retirarse los espíritus de la naturaleza, se crea una situación muy seria que nos afecta en forma directa porque reduce dramáticamente la calidad de nuestros sistemas de apoyo. Estamos comiendo constantemente alimentos sin energía—¡y eso no tiene nada que ver con los restaurantes de comida rápida! La próxima vez que se sienten a comer un tomate que se ha cosechado en un invernadero comercial, mírenlo con detenimiento. Noten que es casi cuadrado en su forma. Su color se ve pálido. Su textura es irregular... y es insípido. Eso es un ejemplo perfecto de lo que le ocurre a la forma de una planta cuando los espíritus de la naturaleza se retiran del proceso. Es forma con un mínimo de energía.

No pretendo decir que los espíritus de la naturaleza no tienen poder para corregir un ambiente dañado y enfermo con el fin de producir, por ejemplo, una planta de brócoli perfecta. Por supuesto que pueden. Me demostraron eso muchas veces el primer año que trabajé con ellos. El medio ambiente en nuestra área está lleno de contaminantes e insecticidas, y está seriamente afectado por métodos agrícolas manipulativos. A pesar de esto, vi perfección en cada vegetal que planté. Cada planta irradiaba salud. Pero mi jardín es una situación especial y esto tenía como fin proveerme evidencia tangible de la realidad hacia la cual yo me estaba abriendo. Bajo circunstancias normales, los espíritus de la naturaleza, no importa su poder, simplemente se rehúsan a contrarrestar los efectos adversos que el hombre crea que deterioran el medio ambiente. No podemos relacionarnos con la naturaleza mientras no entremos en armonía, a menos que entendamos esa falta de armonía, y nunca nos sentiremos motivados a buscar esa comprensión y armonía si nuestros errores están siendo constantemente corregidos.

LA INTERACCIÓN, FUSIÓN Y BALANCE DE ENERGÍAS

El segundo año en el jardín fue totalmente diferente al primero.

Preparé el suelo con mucho cuidado y completé el proceso de ayudar a cimentar las energías de los distintos tipos de vegetales. Todo estaba progresando maravillosamente. Pero tan pronto como había terminado de plantarlo todo, me dijeron que saliera del jardín y no regresara hasta que fuera el momento de cosechar. Durante diez semanas observé la evolución de un desastre. Los gusanos de la col y los escarabajos de frijoles mejicanos estaban por todas partes dándose un festín. Algunas plantas simplemente se marchitaron y murieron. Otras, como las de tomates, se volvieron locas y se apoderaron de más de la mitad del jardín. Era algo extraño para mí ver, especialmente al compararlo con lo que había visto el año anterior en el jardín.

(Esto provocó toda una serie de problemas. Recibimos visitas de Findhorn ese segundo año. Todos venían a ver el magnífico jardín del que yo tanto había hablado. Después de un sólo vistazo al jardín me miraban a mí como si estuviera totalmente loca. Una persona incluso me dio el nombre de un destacado jardinero en Filadelfia con quien debía ponerme en contacto, ya que era obvio que necesitaba desesperadamente algunos consejos sobre jardinería. Respondí a la presión tratando de defender la condición del jardín. Pero en vez de decirles que estaba haciendo exactamente lo que tenía que hacer, que estaba confiada que había una razón para lo que estaba sucediendo, y que esa razón me resultaría obvia una vez terminara el proceso, traté de darles una explicación lógica y "razonable" basándome en lo que yo *pensaba* que estaba pasando. Claro está que mis conclusiones estaban todas tremendamente equivocadas. Pero para cuando me di cuenta de mi error, por lo menos había aprendido que no debía permitir que ninguna opinión o influencia externa interfiriera con el proceso de mi propio jardín).

De hecho, este segundo año en el jardín resultó ser una misión de exploración. Era mi función observar lo que sucedía a las plantas si no se las atiende, una vez que ya se ha cimentado la energía. Esencialmente, vi cuál era el efecto que el medio ambiente tenía sobre las plantas—cuáles podían mantener su fortaleza, cuáles se debilitaron, cuáles murieron, qué insectos y cuántos se habían visto atraído a cuáles plantas. Para el final de la temporada, me sentía igual que una computadora a la que se le había sometido a varias semanas de una gran cantidad de programación con una gran cantidad de detalles minuciosos.

Todos esos detalles se tornaron importantes al comienzo del tercer año de trabajo en el jardín. Para entonces comprendí perfectamente bien que mi enfoque principal tenía que ser energía y que podía determinar cuán bien se estaba manteniendo el patrón de energía observando la condición en que se encontraba una planta. Si se debilitaba su salud, su color, textura o calidad del fruto, o si la planta tendía a atraer más insectos de lo que podía cómodamente recibir, entonces sabía que el patrón de energía había sido perturbado de alguna forma. Pero no por eso tenía la más mínima idea de lo que debía hacer para rectificar la situación—excepto una cosa.

Parte del patrón dévico incluye las condiciones de crecimiento de la planta—el clima, cantidad de humedad, textura del suelo y balance de nutrientes. Si quería que el brócoli creciera en una localización en particular, tenía la responsabilidad de asegurarme que contaba con las debidas condiciones para su crecimiento y debía proveer lo que necesitaba. He conocido muy pocos jardineros que consideran que una vez que una persona comienza a trabajar con "niveles más elevados" de la naturaleza, ya no tiene que preocuparse de cosas mundanas tales como abono de huesos pulverizados, estiércol, nitrógeno, cal y agua. Hay que entender que sin las condiciones apropiadas para su crecimiento, el aspecto físico de la planta no recibe apoyo alguno que le permita vivir. La forma es física, y requiere de otros elementos físicos para poder sobrevivir. Lo mismo sucede con nosotros. Podemos abrirnos a niveles espirituales todo lo que queramos, pero si no nos preocupamos de comer apropiadamente, o decidimos dejar de comer, nos enfermamos y morimos. Es así de simple.

Si yo no intervenía, el brócoli podía cimentar sus energías en cualquier lugar en que las condiciones eran perfectas, y los espíritus de la naturaleza proveerían las condiciones necesarias. Están perfectamente capacitados para hacer eso. Por ejemplo, el nitrógeno ya existe en todo el planeta. Todo lo que tienen que hacer los espíritus de la naturaleza es mover esa energía del nitrógeno, a la cual ellos tienen fácil acceso, hacia un área específica y cimentar esa energía en la forma de modo que sea adecuada para suplir lo que requiere para crecer la planta del brócoli. Pero si el hombre ha de operar en su papel de "creador de su propio jardín" y exige que el brócoli crezca en un área específica—que no es la perfecta para esa planta—entonces tiene que asegurarse de proveer las condiciones apropiadas.

Una vez revisado el suelo, agua, temperatura, etc., si la planta no respondía, entonces ya no sabía que más hacer. Fue cuando los espíritus de la naturaleza comenzaron a jugar conmigo lo que yo llamé "ajedrez cósmico".

A fin de poder lograr un balance completo, no podía analizar una planta, o su energía, como una entidad aislada. Tenía que comenzar a pensar en cada entidad individual en términos de su relación con el todo. Ahí es que comenzaba el juego de ajedrez.

El tablero de juego era todo mi jardín en Perelandra—vegetal o flor. Comenzó con un pequeño jardín de flores frente a la casa. ¡Misericordiosamente, me permitieron comenzar en un área pequeña! Para poder lograr balance, tenía que tomar en cuenta la forma apropiada y tamaño del jardín. Se me informó que designara límites que "sentía" que eran los adecuados. Como no estaba segura de lo que significaba eso, simplemente me limité a designar un borde según mi gusto. Entonces me dijeron que "sintiera" la energía que se encontraba ahora dentro de esos bordes. Todavía no estaba segura de lo que estaba haciendo, así que traté de sentir algo a nivel de energía dentro del área designada. Una vez que terminé me dijeron que me fuera y regresara al día siguiente.

Cuando regresé, el borde que yo había marcado con los pedazos de madera y una piedra había sido levemente alterado. El espacio era un poco más grande y la forma un poco diferente. Me dijeron que "sintiera" el cambio. Podía sentir un cambio—un mayor sentido de estabilidad, una sensación de mayor fluidez.

¡Estaba listo el tablero de juego! Me dijeron que plantara una planta en cualquier lugar que deseara dentro del área designada, y una vez plantada, debía "sentir" el cambio en la energía. Si no me gustaba el cambio en la energía, podía cambiar la planta de lugar. Una vez estaba contenta con mi "movida", tenía que irme y no regresar hasta el día siguiente.

Al día siguiente descubrí que había dos plantas en el jardín—la mía y otra "extraña". De nuevo, me dijeron que sintiera el cambio de energía, y que si en cualquier momento la "movida" de los espíritus de la naturaleza creaban una energía fuera de balance, o que no se sintiera bien, yo tenía que corregir el flujo de energía cambiando de posición su "movida".

Este proceso continuó durante dos semanas. Yo realizaba una "movida", y ellos otra, y en cada oportunidad ocurría un cambio de energía. En cuanto a las plantas, la variedad de plantas y color de las flores tenía que tomarse en consideración. Pero también nos valimos de rocas y pedazos de madera. Con todo había que tomar en cuenta el tamaño, forma, color y tipo. En una oportunidad, puse un hermoso pedazo de cuarzo blanco al lado de una de las plantas. Cambió la energía de manera impresionante, pero consideré que el cambio se encontraba balanceado. Al día siguiente descubrí un cuarzo mucho más pequeño, pero de mayor calidad, en el mismo lugar donde yo había puesto el mío. Después de sentir la energía, me di cuenta que el cuarzo más pequeño había creado un balance de mayor calidad.

A veces tenía que "corregir" una movida de los espíritus de la naturaleza—e incluso mi corrección era corregida, sólo para hacerme regresar a corregir lo que ellos habían corregido. Me iba sintiendo cada vez más confiada sobre este asunto de sentir energía y ellos a su vez respondían con pruebas más avanzadas. El juego terminó cuando sentí que el jardín estaba perfectamente balanceado. Si estaba equivocada—lo cual fue el caso cuatro veces en este primer juego—tenía que regresar al día siguiente para descubrir que alguna posición había sido alterada, habían añadido algo más o sacado algo. Una vez concluido el juego (y yo estaba correcta al considerarlo terminado), nos movíamos a otra área y comenzábamos a crear otro tablero de juego.

Durante los últimos cinco años, mi enfoque con el reino de las plantas se ha mantenido en dos niveles—el individual y el total. Trabajo para asegurarme que el patrón de energía individual de cada planta cuenta con la mejor oportunidad de cimentarse debidamente y reflejarse a través de su forma. Luego trabajo para lograr un balance del todo, según aprendí a hacerlo en nuestros juegos de ajedrez cósmico. Es un desafío continuo, ya que la atmósfera, el clima, y otras condiciones están siempre cambiando y afectan el balance de la naturaleza. También estoy descubriendo que existen niveles de balance, tan pronto como creo que ya lo tengo todo bajo control, me doy cuenta de algo que puede alterarse y cambia todo el cuadro.

En la primavera de 1980, todo el jardín se trasladó a un lugar diferente, y las hileras rectas fueron cambiadas a 18 círculos concéntricos, a tres pies de distancia. (El círculo es una forma mucho más potente que aumenta la energía mucho más que la línea recta). El nuevo jardín es de cien pies de diámetro, cuenta con tres senderos en espiral que se juntan en el centro y un área donde las aves pueden venir a comer y bañarse. La verja alrededor del jardín tiene como fin mantener fuera del área las vacas y los caballos de los vecinos, pero los animales que son parte de Perelandra están en libertad de ir y venir a su antojo. Doy de diezmo un 10% de los vegetales y frutas, de vuelta a la naturaleza, pero con toda honestidad, muy raras veces noto alguna planta que ha sido comida o que ha desaparecido. Las ardillas vienen y se abastecen con las semillas de comida de aves. Tengo una tortuga que ha sido parte del jardín desde el verano, y unas cuantas culebras—pero sólo *contribuyen* al estado general de bienestar del jardín. Sigo sin usar repelentes extraños o insecticidas, orgánicos o quimicos no. Mantengo el balance del jardín en base a los principios de energía.

Una importante adición al jardín han sido las rocas. En el centro hay una piedra de 10-pulgadas-por-8-pulgadas, con cristales de cuarzo claro en medio de un círculo grande de pedazos triturados de mármol, y en los bordes piedras regulares de cuarzo. También, cerca del centro hay losas en círculo para caminar. Todo esto ha ayudado a crear, estabilizar, preservar y aumentar la energía general del jardín.

EL REINO MINERAL

Tengo un amigo que se refiere a las a personas tontas como gente con consciencia de piedra. Simpático paralelo, pero incorrecto. Descubrí durante el segundo año de trabajo en el jardín que la densidad del mundo mineral tiene una relación directa con su poder, no su "desvinculación" con la vida. Se trata de un poder de creación que puede servir como catalizador de cambios de balance dramáticos y luego estabilizar esos cambios.

Esa densidad también está relacionada con la forma de la piedra; otra dinámica muy curiosa. La forma física de las plantas—con excepción de los árboles y arbustos—cambian todos los años. Las flores perennes se mueren al final de cada estación y vuelven a brotar y florecer como plantas nuevas, forma nueva. Las plantas anuales tienen que volverse a sembrar. Por consiguiente, la esencia de la comunicación de las plantas tiende a ser en el "presente", sin referencia a historia. Los minerales abarcan tiempo. Se han valido de la misma forma durante siglos, incluso eones, y cuando nos ponemos en contacto con esa inteligencia, es posible para nosotros experimentar un período histórico en particular o un acontecimiento que se encuentra en la "memoria" de ese mineral específico. Por ejemplo, una mujer en uno de mis seminarios optó por ponerse en contacto con la consciencia de una piedra que había recogido en una playa en Irlanda. Lo que sucedió durante la meditación fue que la piedra le dio un regalo—un regalo de felicidad y gozo. Para hacerlo, se llevó a la mujer a una escena idílica de una playa donde había muchos niños jugando y divirtiéndose en grande, y la mujer se vio envuelta en una gran sensación de alegría que recibió de la escena. Pero no era una escena contemporánea. Fue una escena que ocurrió a fines del siglo XIX en una playa de Holanda—que era donde se encontraba la piedra antes de haber sido arrastrada por el mar hasta las costas de Irlanda.

Los minerales también cuentan con la capacidad de vincularnos con otros planetas en el sistema solar. De hecho, algunos minerales no se originan en la Tierra. Sus vibraciones se originan en otros planetas y estrellas, que se cimientan en la atmósfera de la Tierra y asumen forma. Pero nunca pierden su conexión con el lugar de donde provienen sus vibraciones. Esto confiere a nuestro planeta un vínculo especial y directo con el sistema solar. Por ejemplo, la esmeralda no es de la Tierra. Se origina en el planeta

Venus. Contiene, como parte de su patrón de energía, una dinámica de energía de expansión de amor, que es parte de la dinámica de Venus. De modo que al entrar en contacto con la consciencia de la esmeralda, es posible recibir información sobre esa dinámica de amor, así como recibir una experiencia del planeta Venus.

La progresión evolutiva de los minerales en la Tierra está relacionada con la *luz*. Comienzan a cimentar sus energías en la oscuridad y gradualmente van llegando a la superficie para recibir los rayos de luz solar. Muchos, a medida que evolucionan, se tornan menos opacos. Esto permite a la luz penetrar y moverse a través de los minerales. A la larga, el punto final de su evolución en la Tierra es llegar a obtener total claridad y poder irradiar su propia luz desde su centro, en vez de tener que absorber energía de una fuente externa.

De la misma manera que podemos poner una roca en un jardín y hacer con eso que el campo de balance varíe en forma drástica, podemos experimentar las mismas condiciones cuando nos vestimos o adornamos con gemas. Cada mineral cuenta dentro de sí con su propio patrón de cualidades y características, que cuando se añaden a nuestro propio campo de energía, pueden incluso sanarnos, restaurando nuestro balance. Por ejemplo, el ámbar aumenta la fuerza física y ánimo. Acostumbro a usar ámbar cuando me siento cansada o agotada.

La manera más fácil para nosotros entender qué piedras debemos llevar, y cuándo, es dejándonos llevar por nuestra intuición. Si, después de usar una gema durante cierto tiempo, sentimos que todo lo que queremos hacer es quitárnosla y guardarla, con toda certeza eso quiere decir que ya no necesitamos esa vibración en particular—hasta que volvamos a sentir deseos de usarla otra vez. Parece simple. Todo lo que estamos haciendo es reaccionar al efecto de la vibración de la piedra sobre nuestras propias vibraciones. Nuestra respuesta natural es sentirnos cómodos, incluso desear tener una piedra cerca de nosotros cuya vibración suple una necesidad de balance en nuestro sistema. O, si la vibración de la piedra resulta adversa para nuestras vibraciones, entonces nuestra reacción natural es querer apartarnos de la piedra—alejarla de nuestro campo de energía. Incluso cuando no sentimos conscientemente ese efecto agotador o la condición adversa que crea una piedra, podemos registrarlo inconscientemente y nos alejamos de ella.

Todo lo que tenemos que hacer es aprender a no interferir con este proceso intuitivo, algo que hacemos con mucha facilidad cuando nos decimos a nosotros mismos que tales reacciones son tontas y que deben ser ignoradas.

EL REINO ANIMAL

El reino animal es tan diferente al de las plantas y minerales en su dinámica y vibración que cuando primero entré en contacto con su esencia, a través de los animales salvajes en Perelandra, tenía que recordar continuamente que todavía estaba trabajando con la naturaleza.

Contrario a las plantas, pero igual que el hombre, los animales no son de la Tierra. Son almas que vienen de afuera de la Tierra y que han seleccionado este planeta como una experiencia evolutiva. Pero en vez de participar en la experiencia de la Tierra de la manera más compleja, como es el caso de los que eligen estar aquí en calidad de humanos, optan por participar a través de la naturaleza—de manera más específica, en el reino animal. No son menos que nosotros. Simplemente son diferentes a nosotros.

La principal dinámica a la cual responden cuando deciden formar parte de la experiencia de la Tierra, es la dinámica de individuación, primordialmente a nivel emocional. Contrario a los otros dos reinos, se valen del principio de la reencarnación—muchas vidas—para avanzar por el proceso evolutivo. Comienzan su experiencia en la Tierra como parte de un grupo de almas que nosotros identificamos como manadas de animales salvajes. A la larga, se separan del ambiente de la manada y pasan a experimentar la vida como individuos, ya sea con un grupo más pequeño con interacciones sumamente elevadas (lobos, orangutanes, etc.), o como un animal solitario. Después de esto pasan a entablar relación con el hombre, ya como animales salvajes interrelacionándose con el hombre, o como animal doméstico viviendo con el hombre. Es mediante su interrelación con los humanos que los animales logran el objetivo final de expresarse plenamente como individuos a un nivel emocional.

El reino animal funciona como un socio pleno en la naturaleza, sirviendo tanto al planeta como al hombre, en calidad de uno de los amortiguadores con los que contamos. Siendo altamente sensibles a las emociones, los animales son muy receptivos al plano astral de la Tierra, y a medida que las energías cósmicas penetran la atmósfera de la Tierra, registrando en el nivel astral, los animales responden a esas energías y se desempeñan como un tipo de "amortiguadores". Eso es lo que está sucediendo cuando vemos animales que de repente actúan de forma extraña sin razón aparente—aullando, irritables o en constante movimiento...

También, como parte de ese servicio de amortiguamiento, los animales absorben, y dentro de ciertos límites, transforman proyecciones humanas y desbalances a nivel emocional. Nuestras vidas serían mucho más duras, más difíciles físicamente, si no fuera por la función que desempeñan los animales a modo de protección alrededor nuestro y la tarea que llevan a cabo trabajando con nosotros a niveles inconscientes. Los animales salvajes absorben los desbalances de energía de acciones masivas de grupos tales como guerras, hambruna, pobreza y muertes en grandes números. Los animales que entran en contacto mucho más estrecho con humanos a nivel individual, se encargan de los desbalances emocionales en el ambiente alrededor de esos humanos.

Estamos recién comenzando a aprender cómo expresar nuestras emociones de forma realmente cimentada—o sea, cómo actuar en forma responsable y efectiva en una situación emocional. Si simplemente "explotamos" y no asumimos responsabilidad al actuar o cambiar la situación en cuestión, no estamos haciendo nada más que descargar energía emocional en su forma más elemental. Si un animal es parte de ese medio ambiente (como compañero doméstico), va a responder a esa energía y convertirse en un amortiguador entre nosotros y la energía. Logra cimentar esa energía moviéndola a través de su cuerpo mediante acción. Por ejemplo, los perros y gatos, absorben la energía elemental que se emite cuando se suscita un argumento y luego actúan acercándose a las personas involucradas e insistiendo en recibir atención—cariños, atención afectuosa—algo que las personas que discuten necesitan hacer por sí mismas. En otras ocasiones, un animal compañero responde a lo que está absorbiendo simplemente reflejando la emoción en cuestión en su propio comportamiento—retraídos, resentidos o inseguros, desconfiados, actuando de manera errática, gimiendo, o dando constantes saltos y vueltas. Ninguna de esas reacciones es en respuesta a algo que le ha ocurrido directamente al animal, sino el desbalance emocional en medio del cual se encuentra.

Tenemos que estar conscientes de este servicio que los animales inconscientemente desempeñan para nosotros. Si nos encontramos en medio de un acalorado argumento y hay un animal en la habitación, es mejor reconocer la presencia del animal y tal vez dejar que se vaya a otro lugar, si se calcula que la situación irritante va a durar mucho tiempo. Después del argumento, aunque se haya sacado al animal del área, asegúrense de pasar un rato acariciándolo y tranquilizándolo. (Si tienen dudas sobre esta función de los animales, observen sus reacciones durante y justo después de un argumento—o durante un período de crisis emocional. Observen los cambios en sus patrones diarios de comportamiento). Otra cosa que podemos hacer como parte de nuestra sociedad co-creativa con los animales es incluirlos en nuestras visualizaciones cuando realizamos el proceso de limpieza de energía que aparece en el capítulo 4 de este libro.

Quiero incluir unas palabras especiales para las personas que trabajan como masajistas. Los animales domésticos tienen la tendencia a verse atraídos hacia cualquier habitación donde se esté realizando un masaje y absorben la energía emocional que libera la persona durante el masaje. Yo tengo amigas que me han dicho que sus gatos saltan y se acomodan *encima* de la persona. Si bien este es un buen servicio, si no prestamos atención a lo que está haciendo el gato, corremos el riesgo de permitirle absorber demasiado, cliente tras cliente, día tras día. Con todo lo agradable que puede ser la presencia de un gato cariñoso, es mejor frecuentemente sacarlo de la habitación. Si el animal recibe demasiado, su sistema se somete a un estrés tal, que si no se controla, puede causarle la muerte. El uso diario del *proceso de limpieza de energía* es mucho más apropiado que depender de nuestros compañeros para que absorban todas las emociones que nosotros generamos.

Los animales no pueden lograr su propio objetivo evolutivo de reflejar a la perfección su individualidad a través de la forma a nivel emocional mientras tengan que estar funcionando como nuestros amortiguadores emocionales. De modo que, de nuevo, es de vital importancia que el hombre continúe aprendiendo sobre su propias emociones y llegue a controlar su nivel emocional. Mucho dentro y alrededor de nosotros depende de ello.

El evolucionar hacia esa individualización no significa que los animales se vuelcan hacia nosotros para convertirse en copias de nuestras imágenes, en extensiones nuestras. A menudo, las personas se imponen sobre sus animales de tal manera que la personalidad del animal deja de existir. En su lugar, queda la personalidad de un pequeño, y un tanto peludo, humano. En una relación entre hombre y animal, los humanos deben entrar en un tipo de sociedad—una co-relación, en la cual cada una de las partes se ajustan y adaptan a la otra. De modo que no es sólo el animal el que tiene que adaptarse al medio ambiente del humano. La personalidad del animal debe permanecer intacta.

En cuanto a la cuestión de comer o no carne... Esto es un dilema de dos caras: 1) ¿Deben los humanos comer carne? y 2) ¿Deben los humanos matar animales? Tendemos a unir estos dos aspectos hasta que comenzamos a dar vueltas en un molino emocional. Voy a comentar sobre cada uno de los dos puntos por separado.

1) Toda forma sobre la Tierra recibe su sustento de los elementos de la naturaleza—eso nos incluye a nosotros. Nuestra capacidad de cimentar plenamente y reflejar nuestra alma a través de la forma está íntimamente ligada a cuán próximos estamos del logro y mantenimiento de un balance físico. La calidad del físico debe corresponder a la calidad del reflejo del alma. Un cuerpo físico en malas condiciones simplemente no puede apoyar la cantidad de acción que requiere el alma, y la energía del alma se ve obstruida.

La calidad física de nuestra forma depende de que logremos alcanzar y mantener el balance correcto entre los varios elementos que nos dan sustento. El balance de cada persona es diferente. No sólo no existe un conjunto de estrictas reglas que dicte la forma de alcanzar ese balance físico para cualquier grupo de personas, sino que tampoco existe un conjunto de reglas a nivel individual. Simplemente tenemos que enfocarnos en toda esta área de balance físico con inteligencia, ánimo de descubrimiento y *flexibilidad*.

Cuando le pregunté a las devas sobre el hecho de que las plantas del jardín son para cortarse y comerse, me informaron que esto es parte del servicio que ofrece al hombre el reino vegetal; el apoyo y sustento de su forma física. El ciclo de vida de una planta no termina en la cosecha, sino que continúa a través de su proceso de preparación y consumo, hasta que el ciclo de la planta pasa a ser parte integral del ciclo de vida humano. Los reinos de la naturaleza celebran esta relación tan especial entre el hombre y la naturaleza. (Sólo quisieran que los hombres entendieran esta relación de manera más completa y que se unieran en esa celebración).

También me informaron—y he escuchado lo mismo de otras fuentes—que, a la larga, el hombre no va a necesitar comer carne para lograr ese balance. Nos encontramos en un período de transición, y aún no hemos llegado al punto en que, como un todo, no necesitemos ya la proteína animal. Por lo tanto, se sugiere que nuestro consumo de carne animal sea más de pescado y aves. No cabe duda que esto está siendo verificado por las nuevas insistencias de la medicina tradicional que debemos comer más pescado y aves, menos carne de res y poco, o nada, de cerdo.

Lo cierto de la respuesta a la pregunta de si debemos comer carne o no es que probablemente la mayoría de nosotros todavía necesita hacerlo. Cuánto depende de cada individuo. Cada uno de nosotros tenemos que encontrar nuestro propio balance para descubrir la cantidad de carne que mejora nuestra vida, en vez de restar de ella.

He conocido a vegetarianos que parecen estar listos a entrar en un hospital en cualquier momento. Sus cuerpos—sus instrumentos para cimentar su energía de vida—se ven totalmente agotados, y no pueden expresar pensamientos completos y claros. Son de temperamento irritable, nerviosos, rezagados, faltos de energía, malhumorados, tontos o totalmente deprimidos. También he conocido vegetarianos que irradian salud, alegría y energía a todo nivel. Durante cinco años yo fui vegetariana después que nos mudamos a Perelandra. Fue una respuesta apropiada y armónica durante ese período de mi vida en particular. Actualmente, incluyo algo de carne en mi dieta, aves y pescado—otra medida apropiada para mi condición actual. Si no hubiera respondido a los cambios que ocurren en mi vida, y hubiera insistido en que tenía que mantener una dieta específica a como dé lugar, habría provocado tal desbalance físico que esos cambios internos y crecimiento se habrían dificultado considerablemente.

Existe algo más que se debe tomar en consideración en cuanto a si debemos o no comer carne—las presiones psicológicas, incluso violencia, que dirigimos hacia otras personas en relación a este tema. Durante uno de mis seminarios, nos involucramos en una discusión bastante extensa en torno a este tema. La mayoría de las personas habían visitado o sido miembros de comunidades en las que sólo se aceptaba la dieta vegetariana. Si una persona pretende verse acogida en cualquiera de esas comunidades, tiene que dejar de comer carne. Si se trata de una comunidad que es mayormente vegetariana, pero tolera el comer carne entre los que sienten que lo necesitan, los que optan por comer carne se ven sujetos a otro tipo de presión. Básicamente se los trata como si fueran asesinos. Otros se rehúsan a comer en su compañía. Tienen que aguantar comentarios indeseables de otras personas que los ven comer la carne. En subsiguientes conversaciones espirituales, se asume que esas personas no están lo suficientemente desarrolladas espiritualmente. A veces pienso que el vegetarismo se ha convertido para el movimiento de la Nueva Era en lo que era el ser arrestado para el movimiento en contra de la guerra de Viet Nam—una insignia para demostrar al resto de las personas el grado de nuestro compromiso y convicción.

Balance es un asunto sumamente complejo. ¿Qué es lo que necesitan todos nuestros sistemas, glándulas, órganos, huesos, músculos, piel... para poder funcionar *apropiadamente*? El aprender a responder a esta pregunta es un proceso de educación. Fuera de compartir con otros lo que hemos aprendido en nuestra propia búsqueda, considero que no tenemos derecho a imponer sobre otros lo que pensamos que es la respuesta correcta para nuestro balance físico a nivel individual.

2) ¿Debemos matar animales?

Si algunos de nosotros todavía necesitamos carne, quiere decir que necesitamos matar animales. Pero tenemos que entender lo que se debe hacer para que este proceso sea responsable y balanceado. Nuestro sistema actual en los mataderos puede mejorar realmente.

A continuación compartiré con ustedes lo que he aprendido sobre un nuevo proceso. Repito, es necesario que entendamos que el reino animal, así como el vegetal, están *dispuestos* a participar en el proceso de la vida física del hombre. Nuestra falta de sensibilidad hacia esta realidad ha hecho que se rompan muchos vínculos entre el hombre y el reino animal. A pesar de esto, prevalece esa disposición. La salud y balance de la Tierra descansa sobre el funcionamiento del hombre como seres físicos totalmente espiritualizados. Los animales saben que ellos han de participar en este proceso de crecimiento para alcanzar esa meta.

Una vez que entendemos nuestra relación con los animales, podemos desarrollar un proceso que refleje y aumente esta comprensión. El ganadero responsable es el que formula un llamado a la Deva Supervisora del Ganado y mediante ese vínculo atrae hacia sí la manada de animales que desea valerse de esta vida en particular para rendir ese servicio específico al hombre. De la misma forma que la intención del jardín de vegetales ha incluido siempre y claramente el hecho que los vegetales son para alimento del hombre, lo mismo es el caso con el reino animal. Para entender esto mejor, debemos recordar que el proceso de vida no termina con la "cosecha". No existe la muerte, sólo transición. Mediante nuestra clara intención, le permitimos al reino animal optar por sus propias formas de transición.

En cuanto al propio proceso del matadero, yo nunca he participado en él. No sé si lo haga nunca. Pero siento que a medida que desarrollamos métodos que resulten armoniosos y que faciliten el proceso de muerte del animal, descubriremos que sólo las personas más sensitivas y altamente capacitadas en el proceso de transición/muerte se desempeñarán en este tipo de trabajo.

Sin embargo, yo me he visto estrechamente involucrada en el proceso de transición/muerte de animales cuando ha sido provocada por enfermedad o lesiones. He tenido que superar mucho desarrollo y crecimiento a nivel personal para poder llegar al punto en que puedo presenciar la muerte y no sentir lástima, dolor o repulsión. Cuando primero llegué a Perelandra, sentía que me iba a desmayar cada vez que uno de los gatos mataba un ratón. A la larga, y sutilmente, las devas supervisoras del reino animal me fueron haciendo partícipe de experiencias que tenían como fin permitirme superar esas reacciones que luego entendí no hacían más que complicar, perturbar, desorientar y añadir dolor al proceso de muerte. Por último (¡después de tres años!), llegué al punto en que podía ver un animal muriéndose, reconocer el valor de su danza sagrada con la muerte y mantener mi concentración en el animal mientras lo rodeaba con energía de apreciación y amor. Con esto, me convertí en participante activa, en vez de ser una distracción.

Tan pronto como alcancé ese nivel, comencé a gozar de oportunidades de sostener en mis brazos animales salvajes cuando se encontraban atravesando el proceso de muerte. Lo que me permitía sentir—de hecho *sentir* con mis manos—el instante en que el alma se separa del cuerpo. Los animales no tienen la atracción sentimental que nosotros tenemos con nuestros cuerpos, y les resulta sumamente fácil separar la energía de sus almas de la forma. Sólo unos momentos antes de la separación, agrupan toda su energía física y se valen de ella para lograr, en una breve convulsión, y con gran fuerza, liberar su alma rápidamente del cuerpo. A la misma vez, sus ojos se empañan, pero el corazón continúa latiendo, incluso los pulmones continúan funcionando, mientras yo me limito a sostener el cuerpo hasta que se calma y queda perfectamente quieto. Mientras esto está ocurriendo, le pido a la deva supervisora de ese animal que le ayude a su alma en el resto del proceso de transición. Después, siempre he quedado con un increíble sentido de integridad y especial intimidad con la experiencia que he compartido con el animal.

Y, finalmente...

Están comprendidas en nosotros todas las verdades universales. Todo el conocimiento universal. Todo lo que existe, es de nuestro conocimiento. Nuestra alma cuenta con una capacidad sin límites de crecer y entenderlo todo. Esto es parte de la dinámica del alma. Pero cuando optamos por experimentar la vida en la Tierra, optamos por aprender lo que conlleva el reflejar ese vasto conocimiento a través de la densidad del instrumento que llamamos el cuerpo físico.

Si permitiéramos que todo el conocimiento a nivel de nuestra alma fluya y esté totalmente accesible a nuestra consciencia, la consciencia que opera en nuestros cuerpos, antes de disciplinarnos sobre cómo responder a ese flujo en el nivel físico, nos destruiríamos. El expresar esa infinidad a través de la limitación que es nuestra existencia física, sería más presión de lo que nuestros cuerpos pueden aguantar.

De modo que contamos con una válvula de seguridad. Esa válvula sólo deja pasar el conocimiento que, en forma segura, podemos recibir en nuestro nivel físico actual. Lo que se filtra a través de esa válvula es lo que llamamos realidad. Cimentamos

esa realidad a través de nuestros cuerpos, la reflejamos de nuestro interior hacia el exterior mediante acción, y así creamos el ambiente que nos rodea de acuerdo con nuestra realidad interna. Por ejemplo, si ponemos una rosa frente a diez personas y les pedimos que escriban sobre lo que les estamos mostrando, probablemente recibiremos diez respuestas diferentes. Cada persona ve algo diferente en esa rosa, algo que corresponde a su sentido interno de lo que es la realidad de la rosa.

A medida que aprendemos más sobre cómo lograr que el alma y cuerpo físico funcionen en coordinación, podemos optar por expandir las aperturas de nuestra válvula y permitir que pase más de esa realidad universal a formar parte de nuestra realidad. Esto lleva a cambios en nuestra realidad, y cambios en nuestro medio ambiente, que se ajustan a nuestra forma de "ver". Crecemos, la válvula cambia, nuestra realidad cambia, nuestro ambiente cambia. Se crea una reacción en cadena. Entonces comenzamos a crecer de nuevo...

Toda realidad que aceptamos es nuestra Verdad—un aspecto

de la verdad, parte de la verdad universal. El que nuestra consciencia se expanda no quiere decir que nuestra vieja realidad se convierte en menos verdad. Simplemente significa que nuestra nueva realidad es una verdad más apropiada en vista de nuestra expansión para incorporar más aspectos de la realidad universal. El decir simplemente que la rosa es una flor no es menos verdad que entrar en una disertación de veinte minutos sobre la realidad de la rosa como flor.

También, mientras más se expanda nuestra consciencia de la realidad, más accesible se torna para nuestro ambiente. El decir simplemente que la rosa es una flor nos confiere acceso sumamente limitado a la esencia de la rosa. Pero al hablar durante 20 minutos sobre la rosa logramos mucho más acceso a la esencia de esa rosa. Sólo podemos recibir de un objeto, persona o planta, lo que ya hemos permitido que entre en nuestra realidad consciente. Por ejemplo, un hombre que cree que todo el mundo está tratando de hacerle daño, convierte esa en su realidad. Lo cierto es que eso no es más que un *pequeño* aspecto de la inmensa verdad sobre la humanidad. Pero cuando se encuentra con otras personas, todo lo que ve, y todo lo que atrae y recibe de ellas, son acciones que le hacen daño. Todos los demás aspectos de la humanidad no pasan por su válvula, porque él así lo ha determinado, y no tendrá acceso a ningún otro aspecto de la humanidad hasta tanto él opte por expandir su realidad y aceptar más de la realidad universal de la humanidad. Aun cuando existan muchas personas alrededor de ese hombre manifestándole amor y comprensión, él no puede ver eso porque no ha creado lugar alguno en su consciencia para poder registrar esos otros aspectos.

Veamos otro ejemplo, en este caso incluyendo a la naturaleza. Todos comemos alimentos. Nuestro cuerpo físico necesita alimentos para poder subsistir. La calidad de los alimentos que consumimos dependen de dos cosas: 1) cómo y con qué consciencia se cultivan esos alimentos, y 2) el ámbito de nuestra realidad respecto a la naturaleza. Digamos que le entrego a dos personas un melón que se ha cosechado en el jardín de Perelandra. Una

persona piensa que la naturaleza es muy hermosa pero que existe para servir al hombre. La otra persona entiende que somos socios en igualdad con la naturaleza, y que existe una consciencia elevada en la naturaleza. Ambas personas van a recibir una calidad mayor de nutrientes al comer los melones porque fueron cultivados con un sentido de cuidado expandido. Pero la plena realidad del melón va a estar menos disponible para la primera persona debido a las limitaciones en el ámbito de su realidad de lo que es la naturaleza. Esta persona recibirá los nutrientes del melón, pero sólo una parte mínima de la luz y calidad de los nutrientes que recibirá la segunda persona. Tanto así es el control que tenemos sobre nuestra realidad.

A medida que el alma y cuerpo se unen para funcionar como un todo, la calidad del cuerpo tiene que estar a un nivel comparable con la calidad del alma que se manifiesta a través de ese cuerpo. De lo contrario, el cuerpo no podrá soportar el reflejo más intenso del alma y la persona pierde su balance. Toda la forma del cuerpo proviene de la naturaleza, y la calidad de nuestro cuerpo está estrechamente asociado con nuestra consciencia de la naturaleza—esto tiene un efecto directo en el balance entre el cuerpo y el alma. Si nos esforzamos por funcionar como seres con almas plenamente cimentadas, debemos expandir nuestra comprensión de la naturaleza para lograr desarrollar un vehículo físico capaz de operar dentro de toda la luz que es capaz de generar el alma.

Y por último... último.

Nos enfrentamos a la tarea de sanar nuestro planeta, sanar las heridas que le hemos provocado. Una vez nos abrimos al concepto de las inteligencias de la naturaleza, la realidad de la energía tras la forma y la consciencia contenida en esa energía—una vez nos abrimos a todo esto, comenzamos a ver la profundidad de las consecuencias de nuestras viejas actitudes.

Entiendo que todo esto puede resultar agobiante para algunas personas, o en el mejor de los casos, algo sumamente intenso.

Pero es importante que consideremos el ámbito de lo que estamos tratando aquí. Estamos hablando de sanar el planeta. Estamos hablando de la calidad de nuestra sobrevivencia física—de nosotros mismos y todo lo que nos rodea.

Se requieren dos movimientos de personas. Uno, de los activistas... los que logran resultados. Son las personas que dedican su tiempo y energía a investigar, enseñar y trabajar en la restauración de la naturaleza a su patrón original de balance dévico.

El otro movimiento incluye a todo el mundo. Para que los activistas puedan ser efectivos, el flujo general de la destrucción ecológica tiene que detenerse. La única forma en que esto puede suceder es si las personas cambian su actitud sobre la naturaleza. A medida que cada persona se abre a recibir una realidad más amplia de la naturaleza, nuestras actitudes automáticamente cambiarán, y la manera en que tratamos a nuestro ambiente inmediato se alterará para ajustarse a esos cambios en actitud. Comenzaremos a vivir nuestras vidas de manera muy diferente. Nos motivaremos a actuar por razones muy diferentes. ¡Obraremos como si el Dios en todo lo creado fuera importante!

Los activistas solos no pueden revertir el flujo de destrucción ecológica. Esto requiere de la participación y colaboración de todo el mundo. Cada persona que cambia su actitud, que acepta la naturaleza como un socio en igualdad y se permite responder a su ambiente en función de esas nuevas actitudes, creará más espacio en armonía y fuerzas en dirección hacia un balance perfecto. Mis amigos, es de esta forma como, a la larga, sanaremos la Tierra.

4

¡Mira mamá puedo hacerlo solo!

Así QUE, ¿DÓNDE comenzamos? ¿Cómo empezamos a cambiar nuestras actitudes de integración de una nueva realidad en nuestra consciencia? ¿Cómo respondemos y vivimos la experiencia de esa sociedad en igualdad que queremos entablar con la naturaleza?

Bien, ¿por qué no hacer lo que yo hice? Simplemente digan: "Esto es lo que quiero en mi vida", y pidan a las devas y espíritus de la naturaleza que los ayuden. Luego permanezcan *callados* y escuchen. Lo que les venga a la mente, lo que reciben de manera intuitiva, *no* lo descarten o ignoren. Actúen. No importa cuán ilógico y absurdo parezca. Si se trata de una corazonada o una idea momentánea, en vez de algo que requiere de acción inmediata, escríbanlo. Es muy importante tomar algún tipo de acción, porque ese es un indicio para las devas y espíritus de la naturaleza que es una cuestión seria para ustedes. Luego, de nuevo, permanezcan callados, escuchen y actúen... callados, escuchen y actúen...

Esto inicia el proceso. Todo lo que tienen que hacer es continuar escuchando, continuar actuando y amárrense bien el cinturón—¡están a punto de iniciar la gran aventura de sus vidas!

Ahora bien, todos sabemos que para que algo sea válido no puede ser cierto para sólo una situación o cosa. Sabemos que todas las personas que lean este libro no van a ir a comprar una pala y un puñado de semillas de vegetales para salir de sus apartamentos y ver dónde pueden encontrar una parcela de tierra para comenzar un jardín. Todo el mundo no está supuesto a salir a crear otra Perelandra—sería absurdo pretender tal. Cosa pero todo lo que sucede en Perelandra puede recrearse en cualquier otro ambiente—y eso sí es necesario que todo el mundo lo logre.

Recuerden, el jardín de Perelandra no es más que una ventana hacia la verdad cósmica. Esa misma verdad cósmica está disponible para cada uno de nosotros a través de nuestras propias ventanas individuales. De modo que si el traspirar y llenarse de tierra las manos no es precisamente lo que ustedes consideran que quieren hacer en sus vidas, les ofrezco estas páginas finales como una ayuda para que, valiéndose de los principios que he presentado aquí de mis experiencias con el jardín de Perelandra, puedan usarlos en sus respectivos ambientes. He incluido también recordatorios de los conceptos generales con los cuales vamos a trabajar, además de unos ejercicios, muy fáciles, que pueden usar para llegar a sentir la energía que envuelve toda forma y cómo esa energía afecta todo el ambiente que la rodea. También he incluido un ejercicio muy importante (el proceso de limpieza de energía) que ha sido diseñado para ayudar a todas las personas a limpiar sus ambientes de manera tal que la energía en ellos pueda desplazarse y avanzar en los niveles de energía. He tratado de incluir todas las sugerencias y datos que se me han ocurrido para ayudarles a emprender estos ejercicios con la menor dificultad.

OBJETOS "INANIMADOS" Y ENERGÍA

Toda la forma inanimada que nos rodea contiene energía. Todo. No sólo los minerales. Una y otra vez he aprendido que la forma es el vehículo a través de la cual se cimienta toda energía y por donde esa energía irradia.

Para demostrar este punto, se puede duplicar en una habitación todo lo que yo he experimentado en el jardín jugando el tipo de ajedrez cósmico. Seleccionen una habitación. Cualquiera de las habitaciones de sus casas. Sugiero que empiecen con una habitación *pequeña* de modo que el experimento no se torne agobiante por su magnitud. (Pero si se animan a hacer la prueba con una habitación grande, ¡adelante!)

1) Entren a la habitación y siéntense en algún sitio. Cierren sus ojos y permanezcan en calma. Cuando se encuentren todo lo calmados posible, permítanse crear conciencia de la habitación. Mantengan los ojos cerrados. "Sientan" la habitación. (Si no entienden lo que quiero decir con "sentir", hagan lo que yo hice, ¡adivinen! El concepto de "sentir" se va tornando cada vez más claro a medida que continúan haciéndolo y crean un marco de referencia con qué comparar las distintas experiencias).

2) Ármense de valor y desordenen toda la habitación. Cambien la posición de las cosas. Saquen artículos de encima de las mesas y pónganlos en el suelo. Tiren papeles por todas partes. Saquen los cojines, den vuelta a sillas y mesas—con cuidado. (No quiero que destruyan nada, sino simplemente que desordenen todo). Usen su creatividad y cambien la habitación todo lo que puedan. Cuando terminen, siéntense de nuevo en el mismo sitio que antes, vuélvanse a calmar y, con los ojos cerrados, "sientan" la diferencia en la habitación. (Si tienen dificultades calmándose nuevamente, no piensen que no están teniendo éxito. Es muy posible que ahora están "sintiendo" la energía del desorden de tal manera que eso les está afectando sus propios campos de energía haciendo que sea imposible que logren calma interna).

3) Ordenen de nuevo la habitación a su condición original. Siéntense en el mismo lugar y, otra vez, "sientan" la diferencia. Entonces comiencen a moverse en silencio a otros lugares de la habitación, un lugar a la vez, parando en cada uno, cerrando los ojos, y calmándose. "Sientan" la habitación desde cada lugar distinto a ver si pueden detectar las diferencias. Cada vez que se muevan, pasen unos momentos volviéndose a calmar con los ojos abiertos, antes de volver a tratar de sentir la energía. (El cerrar los ojos elimina las distracciones visuales).

4) Cambien algo de lugar en la habitación—arreglen las cosas en un nuevo orden o patrón, uno que sea agradable y bien ordenado. Regresen a la posición original en la habitación, cálmense y "sientan" el cambio. Sientan cómo ha cambiado la energía en la habitación.

5) Si sienten fuertemente que la energía está cambiando en la habitación, hagan la prueba con algo más sutil. Escojan un artículo y cambien su posición en la habitación. No se limiten a moverlo de una esquina a la otra de una mesa—cambien el artículo a otra localización en la dirección opuesta de donde se encontraba. Vuelvan a sentir la habitación (desde la posición original) y sientan el cambio que ha generado el mover un artículo de un lugar a otro en la habitación. Ese mismo artículo, ahora sáquenlo de la habitación. Llévenlo, por lo menos, a cinco pies de distancia fuera del perímetro de la habitación.

Continúen jugando y experimentando con este proceso hasta que se sientan convencidos de que, de hecho, las cosas tienen energía y que esa energía puede sentirse.

Otro dato importante sobre la energía: toda la energía contiene una consciencia inteligente. Toda energía sabe lo que está haciendo, por qué y su relación con el esquema total de las cosas. Si lo deseamos, y estamos dispuestos a expandir nuestra comprensión de lo que es comunicación, esa información está a nuestra disposición. Todo lo que nos rodea está participando en lo que llamamos vida inteligente, y sólo nos engañamos a nosotros mismos cuando pensamos que los humanos somos los únicos participantes inteligentes sobre la Tierra. La palabra "inanimada" se refiere a un tipo de forma, no a la calidad de la consciencia inteligente que contiene esa forma.

CUSTODIA RESPONSABLE DE TODO LO QUE NOS RODEA

De modo que ustedes, en un apartamento, habitación, casa o choza, tomando en serio todo lo que les he dicho y con mucho cuidado, pueden crear un ambiente balanceado. Tomen en cuenta colores, textura, estilos de muebles, arreglo de los muebles, adornos, unas plantas y tal vez una piedra u otra. El resultado final es un espacio donde se sienten felices simplemente entrando en él. Un lugar donde se sienten bien. De esta manera han creado un todo balanceado—uno que va en apoyo de la vida y es armonioso para todo lo que comprende, incluyéndolos a ustedes. En términos de jardinería, han hecho un buen trabajo de siembras relacionadas. Es también lo que en la Nueva Era se denomina custodia: cuando cuidadosamente atraemos hacia nosotros lo que cada uno necesita para contar con un estilo de vida perfecto y armonioso.

Entonces, un día, sus consciencias cambian—tal como tiene la costumbre de hacerlo la consciencia. Ese día entran a sus casas y ya no se sienten tan bien en ella. Eso es energía. Cuando nuestra consciencia cambia, nuestros campos de energía realizan los cambios correspondientes. No se puede tener uno sin el otro. Ahora, cuando entran a sus casas, lo que antes estaba en armonía con sus campos de energía, debido a los cambios, ya no se siente en armonía. Los dos campos no se acoplan más uno con el otro suavemente, se crea una fricción que nos hace sentir incómodos, tensos, cansados, irritados, o simplemente sentimos que ya no queremos ir a nuestras casas.

La fricción también se registra con las cosas en particular que nos rodean. Antes, cuando el espacio en la casa estaba balanceado, proveía el ambiente necesario para que cada artículo en ese espacio estuviera totalmente cimentado e irradiando energía a través de su forma. Pero cuando se pierde el balance, se altera el patrón de energía de los artículos individuales, haciendo imposible la integración e irradiación de energía plenamente. Esencialmente, se ha obstruido el flujo de energía.

Si permitimos que la situación permanezca así durante mucho tiempo, los patrones de energía individual se debilitan y comienzan a deteriorarse. Las plantas se mueren, o se marchitan y pierden sus hojas. Los anaqueles de libros se caen. Las sillas se rompen. El cenicero, que se ha caído antes cientos de veces, se quiebra cuando accidentalmente le damos un golpecito con un vaso.

Lo mejor que podemos hacer, antes de que se nos caiga la casa encima, es reconocer lo que está sucediendo y eliminar las cosas que ya no sentimos que son apropiadas, para que nuevas cosas, en armonía con nuestro cambio de consciencia, puedan entrar en nuestro ambiente. Es cuestión de limpiar lo viejo y crear espacio para lo nuevo. A menudo sentimos esto en términos de nuestra ropa, cuando deseamos intensamente cambiar de estilo o no usar más algún color.

Si dejamos ir lo viejo, nuestra capacidad de atraer hacia nosotros y obtener los substitutos adecuados, se tornará en un proceso sin esfuerzo. Manifestación. Si no nos liberamos de esas cosas, y nos aferramos a ellas, nuestro ambiente se torna estéril y obstruido a nivel de energía, lo que dificulta mucho nuestra capacidad de atraer nuevas cosas hacia nuestro entorno. Además, estamos actuando en forma irresponsable con las cosas a las cuales nos aferramos. Es difícil irradiar y resplandecer cuando algo se mete en una caja y se esconde en una esquina oscura del sótano.

LIBERACIÓN APROPIADA

La liberación apropiada es un tanto compleja, así como lo es la custodia apropiada. Lo importante es tomar decisiones claras respecto a la liberación y luego actuar en base a esa decisión con sentido de claridad y cuidado.

Digamos que es absolutamente apropiado botar algo. Ya no es algo que puede usarse. Una vez se toma esa decisión, la energía se libera de la forma—a menudo con la ayuda de los espíritus de la naturaleza—y la forma queda para deteriorarse, descomponerse o reciclarse. La liberación puede ser parte del patrón para otra forma, o puede regresar, a través de los niveles de vibración, al nivel dévico, dispersarse y volver a formar parte del Todo. Nada muere. Simplemente se cambia de nivel.

Hay ciertas cosas que no deben descartarse y necesitan venderse o regalarse. Una vez que se toman esas decisiones aquí en Perelandra, emitimos el pensamiento pidiendo que la persona perfecta, en relación con el artículo, llegue hasta nosotros. Por lo general esto ocurre inmediatamente, pero si no es así, hemos notado que se debe a que no nos hemos realmente desprendido emocionalmente del artículo en cuestión. Todavía mantenemos vínculos con él y estamos obstruyendo el proceso de liberación. Una vez estamos claros emocionalmente, la persona apropiada aparece enseguida.

En ambos casos, es importante liberar el objeto en espíritu de gratitud y reconocimiento del propósito que ese objeto ha servido en nuestras vidas. Con esto, nos desempeñamos como socios con el objeto, sabiendo que estamos respondiendo apropiadamente a su ciclo evolutivo. Cuando entramos al proceso de esta manera, podemos sentir lo correcto de la acción de liberación, y se convierte en una experiencia de gran sentido de celebración interna.

En cuanto a la importancia de la claridad. He descubierto que cuando se trabaja con las devas y espíritus de la naturaleza, con energía en general, que es absolutamente importante que los movimientos y acciones se tomen en medio de total claridad. Cuando nos tornamos complejos, renuentes, temerosos, indecisos, creamos un campo de estática en nuestro ambiente inmediato que dificulta el recibir revelaciones y respuestas.

Por ejemplo, noten la diferencia en lo siguiente: "He decidido que como este árbol ha sufrido tantos daños por un rayo, es mejor que lo corte". *Y*, "Creo que debo cortar este árbol, pero siempre me ha gustado mucho y siempre me ha provisto con peras tan deliciosas, tal vez todavía pueda producir peras el próximo verano—además, a las ardillas siempre les ha gustado este árbol, y si lo corto, ¿dónde irán?—tal vez pueda volver a florecer"...

Si se va a cortar el árbol, es mucho más fácil entender eso mediante la primera persona que se expresó sin crear "contaminación de pensamientos". Sus intenciones son claras. *Todo el mundo* sabe que su intención es cortar el árbol. La segunda persona está tan preocupada de hacer algo mal, que está pisándose los talones. No está formulando una pregunta, no está tomando una decisión, no tiene idea de lo que va a hacer... ni nadie más que la escucha. No hay manera que la información de las inteligencias de la naturaleza pueda llegarle a esa segunda persona.

En lo que a mí respecta, tuve que aprender que está bien cometer un error—errores inocentes, claros, saludables y honestos. Los espíritus de la naturaleza y las devas prefieren verme tratar de actuar en armonía y cometer un error como resultado,

que verme mover en confusión y no actuar del todo. Algunas de mis más significativas revelaciones las he recibido a raíz de haber cometido un error: ¡he viajado años luz en entendimiento como resultado de mis desastres!

Otro dato sobre la liberación apropiada—en una oportunidad, después de dirigir una meditación con un objeto, le pedí a todos que compartieran sus experiencias. Una mujer estaba pálida de miedo, de modo que le pedí que nos mostrara el objeto que había usado y lo que había sucedido. Nos mostró una tacita de cerámica, de esas que se usan en los juegos de té japonés. Explicó que cuando entró en contacto con su consciencia, durante el tiempo que estuvo en comunicación, todo lo que recibió fueron regaños. La conversación que se suscitó fue algo así: "¡Cómo te atreves a asumir que tienes derecho a entrar en mi consciencia! No tienes derecho alguno. Ustedes los humanos me abusan, me maltratan y esperas ahora que comparta contigo mi Luz y amor"... etc., etc.

A mi me parecía una tacita bastante inofensiva, pero era obvio que algo no había funcionado. Cuando le pedí más información sobre la tacita, nos explicó que la había encontrado esa mañana en medio de una montaña de arena que se iba a usar para mezclar cemento en una construcción. Le gustó la tacita, la limpió y la trajo con ella al seminario. Le sugerí que para poder entender la reacción que había recibido de la tacita iba a tener que descubrir algo más sobre su historial—quién la había poseído antes, cómo había sido usada, cómo había llegado a la arena, etc.

Fue entonces que otra mujer en el grupo, con mucha timidez, levantó su mano y dijo que ella podía proveer esos detalles. La tacita era parte de un juego de té japonés que alguien le había regalado a ella y a su esposo en su boda, hacía doce años. A ninguno de los dos les gustaba el juego de té, pero no querían regalarlo por temor de ofender a la persona que se los había regalado. Así que se limitaron a "accidentalmente" tratar de romper el juego. A través de los doce años, todas las demás tazas se habían roto, con excepción de dos. Una se encontraba en el lugar de la construcción con brochas de pintar, inmersas en terpentina, y la otra era la que se había sacado de la montaña de arena. Este era un caso claro de custodia irresponsable y falta de liberación.

Se le entregaron ambas tazas a la persona a quien le gustaban. Con el tiempo, la agresividad en la consciencia de las tacitas se transformaría como resultado de los cuidados y apreciación de la nueva encargada de su custodia.

PENSAMIENTOS Y COMUNICACIÓN

El pensamiento es forma—un vehículo físico. Palabras silenciosas. Tras esas palabras silenciosas existen patrones de energía sin los cuales, incluso en silencio, esos pensamientos no pueden existir.

Cuando creamos, lo hacemos a nivel de energía. Reunimos los patrones apropiados. Entonces, para que esos patrones se tornen útiles, los traducimos a forma—pensamientos. Cuando nos comunicamos con otra persona, transportamos nuestros patrones de energía a la otra persona valiéndonos de otro vehículo de forma—palabras habladas. La calidad de nuestra comunicación depende de nuestra capacidad de traducir patrones a la forma apropiada y la capacidad de la persona que recibe la comunicación de coordinar la forma con la energía que la acompaña. El que emite y el que recibe tienen que traducir correctamente. Pero lo que se está traduciendo es energía—energía a forma, forma de vuelta a energía.

Si no fuéramos físicos, no necesitaríamos este proceso. En meditación, he descubierto lo que requiere, tanto al emitir como al recibir, mover la energía de comunicación sin incorporarla a forma alguna. Cuando me pidieron que ayudara al sacerdote ortodoxo justo antes del accidente del tren, no me senté sobre su consciencia a contarle mi experiencia, palabra por palabra. Todo lo que hice fue ponerme en contacto con el patrón de energía de mi experiencia mediante su recreación en mi memoria (que sólo tomó uno o dos segundos), identificar el patrón en su totalidad y mover la energía en todo su conjunto hacia el campo de vibraciones del sacerdote. Lo que él recibió fue toda mi experiencia en cuestión de medio segundo. A medida que identificaba el patrón de energía que había entrado en su campo de energía, él llevó a cabo su traducción a palabras.

En el nivel físico todavía lidiamos con mucha energía, sólo que añadimos a ello el desafío de transportar esa energía mediante el uso de forma. Todos hemos sentido esa energía de cuando en cuando. A veces alguien dice algo particularmente cruel o rudo, y sentimos como si una mula nos hubiera pateado en la boca del estómago. Las palabras solas no lograron ese efecto, es la emoción que genera la energía que acompaña las palabras.

LOS EFECTOS ECOLÓGICOS DE LOS PENSAMIENTOS

Tal como mencioné arriba, estamos muy familiarizados con lo que se siente cuando la energía del pensamiento de otra persona nos "pega", pero también tenemos que incluir lo que ocurre en el medio ambiente cuando recibe el "golpe" de la energía de nuestros pensamientos—o cualquier energía procedente de nosotros.

Yo tenía una amiga, sumamente sensible a los patrones de

energía, que no podía entrar a una habitación específica en la casa de otra amistad que teníamos en común. El lugar la hacía sentirse agobiada, con un sentido de gran frustración y desesperación. La habitación se había pintado poco tiempo atrás. Mientras el esposo pintaba la habitación, había estado pensando y preocupándose de los serios problemas financieros que estaba enfrentando. La energía que liberaron esos pensamientos se convirtieron en parte del patrón de la pintura y se había cristalizado en ese patrón a medida que se iba secando. Desesperación era ahora parte del ambiente de la habitación.

Otro ejemplo: una mujer entra a una habitación vacía en Findhorn, siente de repente gran tristeza y comienza a llorar—literalmente a gemir. El hombre que había estado antes que ella en la habitación recibió la noticia que su padre había muerto de un infarto. La noche antes de irse de Findhorn, la pasó llorando la pérdida. La energía de ese pesar simplemente había permanecido en la habitación, y eso fue lo que sintió la mujer.

Durante una de las meditaciones con un objeto, un joven entró en contacto con un abrigo que su abuela le había tejido. Era su abrigo favorito. A medida que entró en contacto con su energía, comenzó a sentir una sensación pesada y negra. Se salió de la meditación para pedir ayuda. Le pedí que me contara la historia del abrigo. Me explicó que el tejido había sido lo último que había hecho su abuela antes de morir. Cuando le pregunté de qué había muerto su abuela, me dijo que había muerto de hambre. A medida que tejía el abrigo, estaba atravesando por esa muerte lenta y dolorosa. Las vibraciones de la experiencia eran tan fuertes que habían pasado a convertirse en parte integral del patrón de energía del abrigo, y eso era lo que él había encontrado durante su meditación.

Como pueden ver, nuestros pensamientos no sólo afectan otras personas, afectan todo lo que nos rodea. Cuando lidiamos con energía, estamos lidiando con una dinámica diferente. Una palabra no puede por sí sola afectar una lámpara, pero el patrón de energía que acompaña la palabra puede afectar el patrón de

energía de la lámpara. Esa es la dinámica de energía. Fue lo mismo cuando mis pensamientos llenos de tensión alteraron el patrón general de energía en el jardín de Perelandra, provocando un debilitamiento y que los repollitos de bruselas se tornaran vulnerables al ataque de los insectos.

No estoy sugiriendo que todos tenemos que sólo pensar cosas hermosas y sentirnos siempre felices. Eso es absurdo. He visitado muchas comunidades de grupos de Nueva Era donde esto se propone, pero sólo logran que todo el mundo se sienta más tenso y emocionalmente estreñidos. Considero que no es algo natural que se puede pedir en estos momentos de las personas. Estamos todos atravesando un período de transición. Estamos creciendo y cambiando nuestra consciencia en todos los niveles, incluyendo el emocional. Para sorpresa de muchas personas, no somos perfectos. No sabemos cómo expresarnos plenamente y en balance. Pero estamos aprendiendo—lentamente. Y eso está bien. Mientras tanto, necesitamos reconocer el hecho que somos capaces de afectar de manera negativa nuestro medio ambiente a medida que experimentamos nuestro crecimiento y cambios, y por ende, es necesario que desarrollamos técnicas para limpiar y eliminar la contaminación que creamos.

Recuerden que estamos trabajando con energía—energía que ha sido liberada en el medio ambiente por nosotros mismos. A raíz de nuestra incapacidad de expresarnos claramente de manera balanceada, estas energías se estancan en el tiempo y el espacio, en vez de desplazarse a través del proceso natural de transmutación a niveles más elevados de vibración. Por ejemplo, yo experimento el dolor de pérdida que es una reacción normal ante una muerte. De mi ser fluye un torrente de energía de dolor. Si no sé cómo lidiar con ese dolor y transformarlo a un sentimiento de amor, alegría y apreciación por esa persona, entonces salgo del proceso de dolor sólo con angustia. Por lo tanto, no he transformado esa energía a nada más elevado, positivo, creativo. Si abandono una habitación simplemente agobiada en mi dolor, voy a dejar tras de mí ese dolor como parte del ambiente de la habitación. Esa energía se estanca en el tiempo (mantiene las características del dolor que sentí en esos momentos) y en el espacio (pasa a formar parte del ambiente de esa habitación).

EL PROCESO DE LIMPIEZA DE ENERGÍA

El problema que enfrentamos es cómo liberar esa energía y activar algún proceso de transformación de la energía, sin manipularla.

Algunas personas tratan de liberar energía de una habitación quemando velas o incienso—o ambos. Pero yo he encontrado que esto no es un método eficiente. Es un proceso que tiene como fin crear distancia entre nosotros y la energía que queremos desplazar. Existe un prejuicio que a menudo se crea en torno a esas energías, que son malas, peligrosas, algo con lo cual personas de "niveles avanzados" no deben entrar en contacto. Pero sólo porque la energía de mi dolor ante la pérdida de alguien querido tiene un efecto debilitante en el medio ambiente donde queda atrapada, eso no significa que ese dolor sea malo o peligroso. Se trata simplemente de una energía neutral que en determinado momento fue muy apropiada, pero que ya no lo es. Eso es todo.

En mis propias investigaciones y búsqueda de respuesta a esta situación, los espíritus de la naturaleza y las devas me hicieron entrega del *proceso de limpieza de energía* para eliminar y transformar energías estancadas. Tal vez parezca extraño que la naturaleza se involucre en esto, pero la energía que nosotros creamos y dejamos estancada afecta todo lo que está bajo el dominio de la naturaleza. Todo en la naturaleza, todos los objetos, toda forma en la Tierra está incluida en el "departamento de la naturaleza". Si vamos a trabajar en cooperación en cualquier proceso que involucra esta área, entonces tiene que ser con la ayuda de los espíritus de la naturaleza y niveles dévicos.

En este proceso, desplazamos energía usando energía. No se pongan nerviosos. Es muy simple. Una de las formas más fáciles de desplazar energía es a través de visualizaciones. Si desean desplazar energía del punto A al punto B, no tienen mas que "verla" moviéndose de A a B. La única limitación que tienen en una visualización es su propia falta de iniciativa y disposición de ser creativos. Se puede visualizar un tren parado sobre el punto A y un hombre con una pala metiendo energía en el tren. Luego el tren se mueve de A a B, y el mismo hombre (que subió al tren en el punto A) ahora puede descargar con su pala la energía en el punto B.

Para visualizar algo, incluso en sus imaginaciones, es necesario reunir la energía necesaria para apoyar la visualización. No estoy hablando de un truco o algo imaginario. Debido a la dinámica de la energía, podemos valernos de la visualización como instrumento. Simplemente recuerden que para todo lo que visualizamos, tenemos que reunir la energía correspondiente—de lo contrario no podemos visualizarlo. De modo que, en el segundo ejemplo, no sólo movimos la energía del punto A al punto B, sino que la energía adicional también movió el tren, el hombre y su pala.

A continuación les ofrezco un ejercicio de desplazamiento de energía para proveerles la experiencia de sentir el movimiento de energías:

1) Siéntese tranquilo, y cierre los ojos.

2) Vea un punto A en el extremo izquierdo de su campo de visión interna. Si no lo ve, simplemente ponga un punto o una mancha y decida que ese es el punto A.

3) Cambie su enfoque hacia el lado derecho en su campo de visión interna y vea un punto B.

4) En el punto A, vea una esfera de energía. Note cuán redonda es, blanca, del tamaño de una pelota de golf.

5) Haga rodar la esfera hacia el punto B. Ruédela *lentamente* y mantenga su concentración en ella todo el tiempo mientras se mueve hacia el punto B.

6) Vuelva a hacerla rodar hacia el punto A. *Siempre* mantenga su concentración y enfoque en la esfera mientras está en tránsito. (Haga rodar la esfera de un punto al otro hasta que se sienta cómodo con la acción y pueda seguirla fácilmente a medida que se desplaza, sin perderla de vista ni permitir que se aparte su

concentración de ella. Si pierde la esfera, simplemente vuelva a concentrarse en lo que está haciendo, "vea" la esfera otra vez y déjela que siga rodando).

Si desea continuar con el ejercicio:

7) Vea la esfera en el punto A. Lentamente lleve la esfera rodando desde el punto A hacia su mano izquierda. Simplemente visualice la esfera (continúe con los ojos cerrados) y vea como toca su mano. (No se sorprenda si, de hecho, siente la energía de la esfera tocando su mano).

8) Una vez que ha llegado a su mano izquierda, lentamente, haga rodar la esfera a lo largo de su brazo izquierdo hasta el hombro, luego hágala descender por su brazo derecho, hasta su mano. (Recuerde, haga mover la esfera *lentamente*. Si la pierde, si pierde concentración en su visualización, simplemente vuelva a concentrar su atención en el último lugar donde la vio, y vea como continua rodando hacia donde usted quiere. De nuevo, no se sorprenda si siente energía moviéndose a través de su cuerpo).

9) Vea la esfera en su mano derecha. Muévala de esa mano de regreso al punto B.

Si descubre que después de realizar este ejercicio varias veces ya simplemente no "ve" nada, entonces trate de nuevo y limítese a "sentir" el movimiento de la energía. Algunas personas trabajan mejor sintiendo la energía que viéndola. En ambos casos, la calidad y claridad del movimiento de la energía del punto A al punto B están directamente relacionadas con la calidad de su concentración y enfoque. Si no está prestando la debida atención o se siente inseguro, si está realizando el ejercicio sin mayor convicción y distraído, la energía simplemente no se va a desplazar hacia el punto B—o tal vez sólo una porción de ella lo haga. Mientras más claro sea su enfoque, mayor la efectividad de la respuesta de la energía.

Este ejercicio en realidad requiere de gran esfuerzo. Hay que concentrarse y mantenerse calmado. Se requiere la acción de varios instrumentos que necesitamos para trabajar con energía: concentración, enfoque, claridad de visualización y claridad de movimiento.

También pone énfasis en la relación que existe entre la calidad del enfoque que se mantiene en el ejercicio y la calidad del relajamiento que alcanzamos durante el ejercicio. El enfoque es *acción*. La calidad del enfoque aumenta cuando no hay distracciones que interfieran con él. El sonido, la luz, el movimiento— son cosas que perciben nuestros cinco sentidos y que pueden alteran nuestro enfoque. También puede distraernos nuestro propio cuerpo si no está relajado. Cuando nuestros músculos están tensos, irradian energía similar a la estática eléctrica, y esa energía interfiere con nuestra capacidad de enfocarnos y concentrarnos. A medida que practiquen el ejercicio de energía, y a medida que aprendan más sobre lo que significa lograr una posición cómoda y relajada, descubrirán que se torna más fácil mantener la concentración y no perderán de vista la esfera con tanta frecuencia como al principio.

Para ayudarle a entender lo que se necesita para lograr el relajamiento del cuerpo, incluyo otro ejercicio apropiadamente llamado...

EJERCICIO DE RELAJAMIENTO

Acuéstese. *Dele permiso a su cuerpo para relajarse.*
Concéntrese en su respiración... sienta las inhalaciones y exhalaciones. Sienta como suave y lentamente se llena su pecho de aire... Concéntrese en los dedos de su pie izquierdo. Sienta cada uno de sus dedos por separado... Deje desvanecerse la tensión en cada dedo... Concéntrese en su pie izquierdo. Relaje cada músculo de la parte superior del pie... de los lados... y la planta del pie... Enfoque su atención en su tobillo izquierdo. Suelte la coyuntura y sienta cómo se relaja... Relaje la parte delantera de la pantorrilla... relaje la parte de atrás de la pantorrilla... Sienta su rodilla izquierda. Suelte la coyuntura y relájela... Mueva su atención hacia el muslo izquierdo. Relaje los músculos de la parte de enfrente del muslo... de los lados... de la parte de atrás del muslo... Ahora sienta como toda su pierna izquierda se siente pesada y totalmente apoyada sobre el suelo.

Concéntrese en su pie derecho... Sienta cada uno de los dedos por separado y deje desvanecerse la tensión en cada uno de ellos... Permita que los músculos del pie derecho se relajen... la parte superior del pie... los lados... la planta del pie. Ponga atención ahora en su tobillo derecho... Suelte la coyuntura y relájese. Concéntrese en la pantorrilla... relaje la parte de enfrente... la parte de atrás... Mueva su concentración hacia la rodilla derecha. Suelte la coyuntura y relájese... Permita que el suelo apoye su rodilla... Relaje su muslo derecho... la parte de enfrente... los lados... la parte de atrás... Sienta cómo toda la pierna derecha se pone pesada y queda totalmente apoyada sobre el suelo... Ambas piernas, la derecha y la izquierda, se sienten pesadas.

Preste ahora atención a su torso. Deje que sus glúteos se relajen y se aprieten contra el suelo... Relaje la región pélvica... y su abdomen. Sienta cómo se suavizan los músculos... Permita a la parte de atrás de su espalda que se relaje y toque el suelo.

Relaje el arco de su espalda y deje que su espalda se hunda en el suelo... Relaje la parte media de su espalda... y la parte superior... Sienta como toda su espalda se abre y queda totalmente apoyada sobre el suelo... Concéntrese en el pecho... suavice los músculos y permita que la caja toráxica se apoye totalmente sobre el suelo... Relaje los hombros y la parte superior del pecho... Permita que los hombros se relajen. Sienta el espacio entre las orejas y los hombros.

Concéntrese en los dedos de su mano izquierda. Sienta cada dedo y permita que la tensión se desvanezca a lo largo del dedo hacia la punta... Concéntrese en la parte superior de la mano y relájese... relaje la palma de la mano... Relájese... Suelte la muñeca izquierda... Relaje la parte inferior del brazo... Suelte la coyuntura del codo... Relaje la parte superior del brazo... Sienta relajarse otra vez el hombro izquierdo... Concentre su atención en la mano derecha... Deje desvanecerse la tensión en cada uno de los dedos... de la parte superior de la mano... y de la palma de la mano... Suelte la muñeca derecha... Relaje la parte inferior del brazo... Suelte la coyuntura del codo... Relaje la parte superior del brazo... Sienta cómo se relaja de nuevo el hombro derecho.

Concéntrese en el cuello... Relaje los músculos de enfrente del cuello... y los músculos de atrás... Permita que el cuello quede totalmente apoyado sobre el suelo. A medida que se relaja el cuello, permita que esa sensación se expanda del cuello hacia el pecho, los hombros y la parte superior de la espalda...

Concéntrese en la cabeza... Sienta su cabeza... toda la cabeza. Permita que las tensiones del día suavemente se desvanezcan... Concéntrese en la parte de atrás de la cabeza... sienta cómo se suaviza... Relaje la parte superior de la cabeza... la frente... Ahora la cara... la quijada... la boca... la lengua... las cejas... y los ojos. Sienta cómo se relajan sus ojos y sienta cómo se hunden con pesadez hacia la parte de atrás de la cabeza. Vea la oscuridad...

Concéntrese en su respiración nuevamente... inhale...

exhale... Sienta su respiración viajar por todo su cuerpo a medida que inhala. Deje que la respiración salga por sus pies cuando exhala... Continúe inhalando y exhalando lentamente, con un ritmo constante... Mientras se encuentra así relajado, esté consciente, totalmente, de cómo se siente. Note la diferencia entre cómo se sentía cuando recién se acostó en el suelo al comenzar el ejercicio y ahora.

Cuando esté listo para pararse—antes de moverse, sienta la habitación alrededor suyo. Sienta las cuatro paredes—sienta el suelo debajo de usted. Sienta su dureza y sienta donde está tocando su cuerpo. Suavemente, mueva sus dedos de las manos y pies, luego sus manos y sus piernas. Abra sus ojos y mire a su alrededor. Cuando esté listo, *lentamente*, siéntese, luego párese... después camine un poco alrededor antes de continuar con su rutina diaria.

Cuando comience con el ejercicio de relajamiento y el ejercicio de energía, recuerde que está trabajando, que está desarrollando nuevas disciplinas, y tiene que tener paciencia con usted mismo. También es una gran ayuda que otra persona le lea lentamente las instrucciones de los ejercicios a medida que los va realizando. De esta manera no tiene que estarse preocupando si recuerda o no lo que viene a continuación—eso crea tensión. Si no tiene alguna amistad que pueda proveerle ese servicio, grabe usted mismo los pasos del ejercicio.

PREPARACIÓN PARA EL PROCESO DE LIMPIEZA DE ENERGÍA

Escoja el área que quiere limpiar. Puede ser de cualquier tamaño, pero le sugiero que comience con un área pequeña hasta que experimente varias veces con el proceso y se sienta cómodo con el concepto. Yo he realizado limpiezas de áreas que van desde un pequeño objeto a toda una comunidad de Nueva Era que estaba dispersa en cinco localizaciones distintas, una de las cuales ni siquiera estaba en el mismo país.

Es importante que pueda cerrar sus ojos y fácilmente visualizar lo que sea que va a limpiar. Si es una habitación, necesita poder visualizar la forma y contenido de la habitación. Si es una casa, debe tener una idea clara de la ubicación de las habitaciones y la forma de la casa. Para terrenos, una finca, o una comunidad, la distancia y la forma de los límites externos son muy importantes—además de la posición de cualquier edificio que se encuentre en la tierra. Para cualquier cosa más grande que una habitación, yo recomiendo con gran énfasis que se dibuje la forma de la propiedad y su contenido. No tiene que ser un dibujo muy complejo, ni elaborado—para un terreno, sólo necesita un dibujo simple de una línea indicando la forma de la propiedad y el lugar donde se encuentran los edificios en la propiedad. Para una casa en los suburbios ubicada en un terreno pequeño, sólo necesita un dibujo de la forma de la propiedad, más un rectángulo indicando la ubicación de la casa, y tal vez la presencia de una casa para un perro, jardín de flores y camino de entrada. Cualquier cosa que considere que le ayuda a concebir en forma clara, pero *simple*, el área con la que está trabajando.

La importancia de la actitud. Es un momento muy especial cuando finalmente optamos por convertirnos en participantes activos en la restauración del balance en nuestro medio ambiente, y por lo tanto no es algo que debe hacerse sin mayor detenimiento y apresuradamente. El error más grave en el cual podemos incurrir es el de manipulación. Si olvidamos que estamos tratando de actuar de forma responsable en esto que llamamos Vida, y que estamos optando por participar como socios en igualdad con la vida que nos rodea, podemos fácilmente pasar de un espíritu de co-creación a uno de manipulación. Entonces no somos participes en un proceso de balance y gentileza hacia nuestro medio ambiente, sino de dominio y fuerza. Por eso, la actitud que necesitamos tener al entrar en este proceso es de vital importancia para poder mantener un sentido de balance universal mientras realizamos el proceso de limpieza de energía.

PROCESO DE LIMPIEZA DE ENERGÍA

1) Seleccione y diagrame el área que va a limpiar. Ponga el diagrama frente a usted y manténgalo ahí durante todo el proceso. (Si necesita clarificar su visualización del área que está limpiando, podrá mirar fácilmente el diagrama y refrescar su memoria).

2) Siéntese o acuéstese tranquilamente. Concéntrese en su cuerpo. Realice todo el ejercicio de relajamiento o una abreviación del mismo. Cuando lo complete, concéntrese en su respiración mientras se prepara para continuar.

3) Con los ojos cerrados, vea un rayo de luz brillante y blanca sobre su cabeza. Esta es la Luz del Cristo (este término lo uso sólo para representar y describir la dinámica de evolución que está comprendida en cada uno de nosotros). Vea los rayos de luz de ese rayo moverse hacia usted y envolverla *totalmente* en luz blanca. Diga en voz alta o en silencio: "Pedimos que la Luz del Cristo nos ayude de modo que lo que vamos a hacer sea para el mayor bien. Pedimos que esta luz nos ayude a transformar cualquier energía de bajo nivel de vibración que haya sido liberada por humanos y que estemos totalmente protegidos durante todo este proceso. Recibimos con gran satisfacción la presencia de la Luz del Cristo y agradecemos su ayuda".

4) Enfóquese nuevamente en el área arriba de su cabeza. Vea un segundo rayo de luz—en esta oportunidad la luz es verde. (Mantenga su concentración hasta que vea el rayo de luz claro y brillante. La calidad de la luz simplemente depende de la calidad de su concentración. Si no es muy brillante, véala más brillante. Ordénese a sí mismo verla más brillante). Esta luz verde es la Luz de la Naturaleza. Vea sus rayos acercarse y envolverlo *totalmente*, uniéndose con el rayo de luz blanca que ya lo rodea. Diga, (en voz alta, o en silencio): "Pedimos que la Luz de la Naturaleza nos ayude a reunir y transformar las energías que los reinos de la naturaleza han absorbido, incluyendo lo que llamamos objetos 'inanimados'. También pedimos que la Luz de la Naturaleza nos ayude en lo que estamos a punto de hacer para que sea para el mayor bien. Recibimos con gran satisfacción la presencia de la Luz de la Naturaleza y agradecemos su ayuda".

5) Diga: "Ahora pedimos que cualquier energía inapropiada o negativa permita ser totalmente liberada de esta área. Pedimos esto en medio de amor y dulzura, conscientes de que el proceso de transformación en el cual estamos a punto de participar, es un proceso de vida, de evolución—y no de negación".

6) Visualice el área que va a limpiar. (Si experimenta problemas, mire su diagrama). Visualice la forma del área, especialmente sus límites.

7) Visualice una sábana blanca de luz que comienza a formarse a cinco pies de profundidad debajo del área. (Si se trata de una casa o un terreno, vea la sábana formándose a cinco pies de profundidad bajo suelo). Vea la sábana tornarse brillante y más blanca. Concéntrese en ella hasta que la vea brillante y clara. Permita que las esquinas de la sábana se extiendan levemente más allá del límite del área.

8) Una vez totalmente formada la sábana, pida a la Luz del Cristo y la Luz de la Naturaleza que se unan con usted para comenzar a, *lentamente*, mover la sábana a través del área que se

va a limpiar. Vea la sábana moverse lentamente, totalmente recta y sin dificultad. (Recuerde, la energía pasa a través de cualquier forma). Mantenga su concentración en la sábana y vea como va moviéndose a través del área. Si la sábana comienza a formar bultos, pare su movimiento y, valiéndose de su concentración, levante el área arrugada o con bultos y estírela. Una vez que lo haya logrado, permita que toda la sábana continúe moviéndose. A medida que la sábana se mueve por el área, note donde se va recogiendo energía oscura sobre ella. No piense que se está imaginando las energías oscuras. Van a agruparse automáticamente sobre la sábana. Todo lo que tiene que hacer es reconocer su presencia.

Permita que la sábana se eleve unos cinco pies por encima del lugar más alto del área que está limpiando. Esto puede ser el techo, un árbol, o una colina.

9) Valiéndose de su visualización, con mucho cuidado, recoja las cuatro esquinas de la sábana, formando así un bulto de luz blanca que envuelve totalmente las energías oscuras que se habían agrupado sobre la sábana. Hacia la izquierda del bulto note un cordón de oro. Este cordón es de la luz del cristo. Tome el cordón y amarre el bulto, cerrándolo. Hacia la derecha del bulto, note otro cordón de oro. Este otro cordón es de la luz de la naturaleza. Tome ese este cordón y amarre el bulto otra vez, junto con el primer cordón.

10) Declare que: "El bulto ahora se liberará hacia la luz del cristo y la luz de la naturaleza, de modo que las energías oscuras puedan desplazarse hacia su próximo nivel de transformación y la continuación de su propio proceso evolutivo". Observe como el bulto va ascendiendo hasta desaparecer de su vista.

11) *Importante*. Vuelva a concentrarse en su respiración. Inhale y exhale a través de todo su cuerpo y sus pies. Repita esto tres o cuatro veces, cada vez sintiendo que la exhalación sale por sus pies.

12) Pase un momento en reconocimiento de todas las energías que se unieron en el proceso, a través de su concentración y enfoque, y cooperaron con usted:
    la luz blanca del cristo
    la luz verde de la naturaleza
    la sábana blanca
    los cordones de oro
    las energías que se liberaron

En medio de un espíritu de gratitud, permita que las energías se disipen totalmente de su concentración y enfoque. Concéntrese nuevamente en su respiración y observe una oscuridad reconfortante.

13) Concéntrese en la habitación donde se encuentra. Sienta las paredes, el suelo, lo que sea que su cuerpo está tocando. Mueva suavemente los dedos de las manos y los pies. Lentamente, mueva sus manos y pies. Abra los ojos y de forma deliberada mire alrededor suyo. Cuando esté listo, *lentamente*, levántese. Camine un poco. Mire por la ventana, tome un poco de agua, si lo desea. Tome tiempo para recuperarse antes de continuar con su rutina diaria. Asegúrese que se siente totalmente en su cuerpo. Si se siente "en el espacio", camine, vaya a exteriores y ponga sus manos alrededor de un árbol o una piedra, concentrándose en la sensación de contacto con ellos. Continúe moviendo sus manos alrededor del árbol o la piedra, hasta que pueda sentirlo con toda claridad. O disfrute del aroma de una

flor. Esencialmente lo que está haciendo es volviendo a cimentar sus energías en su cuerpo, restaurando sus cinco sentidos, concentrándose en su condición física.

Cuando termine, saque tiempo para observar el área que ha limpiado. Algunas personas pueden sentir un fuerte aroma, cierta frescura en el aire. A veces pueden sentir el aroma de flores. O siente que la habitación se siente más "liviana". También, es posible que sienta cuando la sábana lo atraviesa a usted. Frecuentemente, otras personas en el área, que no han participado en forma alguna con lo que usted ha hecho, también pueden sentir que algo se ha movido a través de ellas. No es una sensación desagradable, todo lo que ocurre durante este proceso es que se restaura el balance en el área.

La manera más fácil de realizar el proceso de limpieza de energía, especialmente al comienzo, es grabando los distintos pasos en una grabadora, dejando suficiente tiempo entre paso y paso para que tenga tiempo de hacer lo que sea necesario para completar cada paso. (A fin de poder mantener el balance de cocreatividad en el proceso, es importante que no se elimine ninguno de los pasos indicados). Puede que sea útil dejar la grabadora a una distancia fácil de alcanzar de modo que pueda apagarse mientras la sábana se está elevando, dándole así todo el tiempo que necesite para completar el proceso. Si más de una persona quiere participar, una puede leer los pasos y servir de guía para todos los demás que participen en el proceso. Si se hace esto, es importante que la persona que se desempeña como guía, trate de estar consciente de cada persona en la habitación y los lleve a través del proceso en grupo.

Cuán a menudo se realiza el proceso de limpieza de energía depende de usted y su percepción de cuándo se necesita en un área determinada. Para una casa, yo sugiero que se haga semanalmente. Si usted, o alguien en su medio ambiente, está atravesando por una situación emocionalmente difícil, puede que sea apropiado limpiar el área con mayor frecuencia.

AYUDA ADICIONAL

Si usted descubre que tiene problemas encontrando a alguien que le lea los pasos de los ejercicios en voz alta, o siente que no puede grabarlos usted mismo de forma satisfactoria, puede escribirnos a Perelandra y pedirnos un catálogo con el formulario de compra. Contamos con varias grabaciones de distintos ejercicios, incluyendo los que aparecen en este libro. (La dirección de Perelandra aparece al final de esta sección).

PERELANDRA HOY

Perelandra continúa operando como un centro de investigación con la naturaleza y santuario para devas y espíritus de la naturaleza. El centro está dedicado al aprendizaje y comprensión de las inteligencias que están comprendidas en toda la naturaleza, la relación acuariana entre la naturaleza y la Tierra, y la sociedad co-creativa entre el hombre y la naturaleza que, a la larga, le permitirá reflejar su ser superior plenamente a través de su forma y acciones.

El jardín ha completado su vigésima estación. Cada año aprendo más sobre los principios y dinámicas de este extraordinario proceso de jardinería creativa. El jardín de Perelandra continúa basado en los principios de la realidad dinámica que rige toda forma. No usamos insecticidas ni repelentes, orgánicos o químicos. La meta en Perelandra es la creación de un ambiente en un jardín totalmente balanceado de manera que todo lo que está incluido en ese ambiente contribuya y aumente a la vida y salud de todo lo demás en el jardín. El descubrimiento de qué es precisamente lo que esto significa y qué debe hacerse para lograr esta meta, constituye el principal enfoque de nuestra investigación. De los resultados de esta investigación derivan los principios, revelaciones y lecciones que pueden ser empleadas por cualquiera, en cualquier ambiente.

Hemos alcanzado el punto en que todos los "habitantes" del ambiente en el jardín, ya sea animal, mineral o vegetal, han entablado "amistad" con todos los demás. Para celebrar este nuevo nivel de balance, el círculo exterior del jardín pasó a convertirse de un área de siembra anual de plantas, a una plantación perenne de rosas—45 plantas de rosas, todas de distintas variedades.

A fines del otoño en 1984, comenzamos un nuevo proceso, iniciado por las inteligencias de la naturaleza y resultado directo de la adición de la rosas al jardín: las Esencias de Rosas de Perelandra. Las Esencias de Rosas de Perelandra funcionan de forma coordinada entre ellas para apoyar y balancear a cualquier individuo cuyo cuerpo físico y alma han comenzado a operar como una unidad consciente a medida que él o ella avanzan en los cambios evolutivos. Estas esencias son particularmente efectivas para aquellos que están, de forma consciente, realizando los cambios personales necesarios para responder y vivir de acuerdo con la nueva dinámica de Acuario. Las ocho esencias se producen en forma co-creativa entre mis amigos de la naturaleza y yo, y cuentan con el beneficio adicional de ser plantas del jardín de Perelandra. Desde 1984, hemos comenzado a desarrollar otros cuatro conjuntos de esencias. Si le interesa aprender más sobre las Esencias de Perelandra, por favor comuníquese con nuestras oficinas y solicite un catálogo.

Otro interesante desarrollo ha sido el proceso de Liberación de Energía de Batalla. Descubrí a través de la naturaleza que la energía traumática que se emite durante una batalla queda en el medio ambiente preservada, en custodia, hasta que los humanos están listos a reclamarla. El proceso de Liberación de Energía de Batalla está basado en el mismo sistema de limpieza de energía que describo en este libro. Mediante este proceso, la energía de batalla se libera de la naturaleza y avanza hacia su próximo nivel de evolución, permitiéndole así unirse al flujo natural de evolución. El resultado de este proceso es sumamente dramático. La liberación de esa energía permite a la naturaleza recuperarse y dar un cambio hacia un estado más elevado de balance ecológico.

Debido al entusiasta interés que se ha generado en este y otros aspectos de nuestro trabajo en Perelandra, he escrito varios ensayos y grabado sesiones y seminarios para poder compartir con todas las personas interesadas lo que está sucediendo aquí. Todo esto está disponible a través del catálogo.

Después de publicar este libro, originalmente en inglés, he recibido gran cantidad de solicitudes de personas que quieren venir a visitar el jardín de Perelandra. Pero recuerden que Perelandra es un centro de investigación con la naturaleza y un hogar privado, no una comunidad. Consideramos que es muy importante mantener el ambiente que facilite y apoye esa investigación: calma y tranquilidad. Clarence y yo consideramos que la mejor forma de suplir esta necesidad, así como las solicitudes de visitas a Perelandra, es ofreciendo varios días durante el verano y principio del otoño, todos los años, en que abrimos nuestras puertas al público. Si desea venir durante esos días especiales, déjenos saber y le enviaremos toda la información necesaria en cuanto esté disponible. Si desea ser incorporado a nuestra lista de correo para recibir un catálogo nuevo todos los años, comuníquese con nuestras oficinas:

Perelandra
P.O. Box 3603
Warrenton, Va. 20188

Línea para órdenes—24 horas al día*
(540) 937-2153

Facsímil—24 horas al día
(540) 937-3360

* En la actualidad todo el personal de Perelandra habla solamente inglés. Por favor, ayúdenos dejando sus mensajes en inglés.